U0519322

和经济学家
聊成长

求知与创新

李毅 吴华昌 编著

西南财经大学出版社
Southwestern University of Finance & Economics Press

中国·成都

图书在版编目(CIP)数据

和经济学家聊成长:求知与创新/李毅,吴华昌编著.—成都:西南财经大学出版社,2024.3
ISBN 978-7-5504-6117-8

Ⅰ.①和… Ⅱ.①李…②吴… Ⅲ.①经济学家—生平事迹—世界—青少年读物 Ⅳ.①K815.31-49

中国国家版本馆 CIP 数据核字(2024)第 037891 号

和经济学家聊成长:求知与创新
HE JINGJIXUEJIA LIAO CHENGZHANG:QIUZHI YU CHUANGXIN

李　毅　吴华昌　编著

总 策 划:李玉斗
策划编辑:周晓琬　陈进栩　何春梅
责任编辑:李　才
责任校对:肖　翀
封面设计:星柏传媒
责任印制:朱曼丽

出版发行	西南财经大学出版社(四川省成都市光华村街55号)
网　　址	http://cbs.swufe.edu.cn
电子邮件	bookcj@swufe.edu.cn
邮政编码	610074
电　　话	028-87353785
照　　排	四川胜翔数码印务设计有限公司
印　　刷	四川五洲彩印有限责任公司
成品尺寸	148mm×210mm
印　　张	5.75
字　　数	104 千字
版　　次	2024 年 3 月第 1 版
印　　次	2024 年 3 月第 1 次印刷
书　　号	ISBN 978-7-5504-6117-8
定　　价	35.00 元

前　言

亲爱的青少年朋友：

　　习近平总书记在纪念五四运动 100 周年大会上的讲话指出："新时代中国青年要增强学习紧迫感，如饥似渴、孜孜不倦学习，努力学习马克思主义立场观点方法，努力掌握科学文化知识和专业技能，努力提高人文素养，在学习中增长知识、锤炼品格，在工作中增长才干、练就本领，以真才实学服务人民，以创新创造贡献国家！"这是总书记送给新时代中国青年的"学习指南"，为广大青年把握机遇、勇担使命指明了方向。

　　我们生活在一个科技日新月异、知识经济不断发展的时代。在这个时代，求知欲和创新精神对每个青少年来说都至关重要。它们将决定你们面对未来机遇和挑战的能力。

本书将带领你们跨越时空，一起探索经济学家^①的世界，了解他们求知若渴、勇于创新的故事。比如，在书中你们将会看到追求变革的法家商鞅如何战胜困难和挑战，突破常规，实现变法；也会看到被誉为"18世纪中国最为渊博和专精的学术大师"和"一代儒宗"的钱大昕对知识的追求和对学术研究的执着；还会看到在监狱中、在"牛棚"里依然心无旁骛地读书以充实自己的薛暮桥。

这样的故事在本书中还有很多：有清贫不阻学习心的范仲淹、活到老学到老的王亚南、永远奋斗在时代前沿的黄达、能文能武的经济学家詹姆斯·托宾……阅读这些经济学家的故事，相信会激发你们内心的探索欲望。在面对困难时，你们将会从他们那里吸取勇气和智慧。须知你们正处于人生的积累阶段，你们要像海绵吸水一样增长知识，培养创新能力。在这个阶段要把基础筑牢，求真学问，练真本领，不断提高与时代发展和事业要求相适应的素质和能力，以聪明才智贡献国家，以开拓创新服务社会，这是成长成才的时代要求，也是强国有我的使命和担当。

最后，祝你们阅读愉快！

李毅　吴华昌

2023 年 12 月

---

① 由于经济学近代才成为一门独立的学科，在古代是没有这门学科的，但是古代很多思想家和学者都有非常深刻的经济学思想，无论在理论还是实践上都极大地推动了社会、经济的发展，所以我们也把这些学者称为经济学家，比如中国古代的老子和孔子、国外的亚里士多德等。

目　录

1

2

引　子

　　小明是一个勤奋好学的少年，他对知识充满渴望，对未来充满期待。然而，随着对社会接触的增多，他开始感到自己对未来的成长方向越来越迷茫。他思考着自己的兴趣和天赋，却不确定应该选择怎样的道路。这种迷茫让他感到焦虑和困惑……

　　一天晚上，小明感到疲惫不堪，他趴在书桌上渐渐进入梦乡。在梦中，他来到了一个神秘的地方——准确地说是一座金碧辉煌的宫殿。走进去，正门的石柱上左刻"经济学家居住地"，右书"人生疑惑解答处"。向前望去，大厅尽头从左至右排列着六个房间，奇怪的是房间门上都挂着些什么"好奇心""革新""学用结合""探索""勇敢""与时俱进"的门牌。"这些房间名字也太奇怪了！"小明一边说着一边推开了自己面前的门……

好奇心篇

　　走进挂着"好奇心"门牌的房间，小明才发现这里聚集了古今中外的经济学家。他们有的穿着古代长袍，有的西装革履，他们在这里等待小明……

　　在这里小明见到了老子、周叔莲、厉以宁、道格拉斯·C.诺斯、理查德·H.泰勒这几位经济学家，小明向他们说出了自己心中的疑惑。

您认为好奇心对个人成长和发展的重要性是什么？ 小明

老子 好奇心对个人成长和发展非常重要，因为它激发了人们对新知识和经验的探索和学习的欲望，推动个人不断成长和进步。

5

好奇心如何影响一个人的学习和探索能力？ 小明

周叔莲 好奇心可以激发一个人的求知欲和探索精神，促使其积极主动地学习新知识、探索新领域，提高学习和探索能力。

有哪些方法可以帮助培养和激发好奇心？ 小明

厉以宁 培养和激发好奇心的方法包括提供多样化的学习资源和经验、鼓励提出问题和寻找答案、培养批判性思维等。

 6

好奇心和创新之间有怎样的关联？ 小明

道格拉斯·C.诺斯 好奇心和创新密切相关，因为好奇心驱使人们探索新领域和思考新问题，从而促进创新的产生。

有哪些方法可以帮助人们保持好奇心，并避免失去对新事物的兴趣？

小明

理查德·H.泰勒

保持好奇心的方法包括不断学习和探索、保持开放的思维、与不同背景的人交流等。

7

经济学家们

你不妨看看我们的人生经历和故事吧！加油！

老子：在生活中留心观察与感悟

生平简介

道家创始人老子，姓李名耳，字聃，是中国古代哲学家、文化名人之一。老子的思想影响了中国历史上的许多思想家和文化人物。老子生于春秋末期，他曾经担任过周宣王的图书馆管理员，后来因为对时局不满辞了官职，开始了他的思想探索之旅。老子的代表作是《道德经》，这部书被誉为中国哲学史上的经典之作，是道家思想的重要来源。

主要理论/贡献

老子的思想主要强调"道"的概念。他认为"道"是宇宙的本源和根源，是一切存在的根基。他认为人类社会的问题源于人们的欲望和执着，而"道"则是超越这些欲

8

望和执着的境界。他提倡"无为而治"，认为过度干预会破坏自然的平衡，应该保持自然的本来面貌。他还提出了"柔弱胜刚强"的思想，认为柔弱的力量可以战胜刚强的力量。"黄老之学"这种"治大国若烹小鲜"的经济哲学主张经济上的少干预。老子的思想对中国古代和现代的哲学、文化和宗教产生了深远的影响。

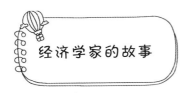

经济学家的故事

　　李耳小时候是一个好奇心极强的孩子，他总是喜欢去探索大自然、了解事物的本质。一天，他在山上看到了一群蚂蚁在搬家，这让他感到非常惊奇。于是，他仔细观察了蚂蚁们的活动，看到它们有条不紊地搬运食物，仿佛是一个有机的整体。李耳的母亲问他看到了什么，他说看到了一只蚂蚁，后来看到了一群。后来，他还把蚂蚁的窝挖开，看到它们在搬运食物。母亲问他从中受到了什么启发，李耳说他认识到事情并不都是表面上看到的那样，很多事情背后都有更深层次的真相，事物存在都有它存在的功能，大自然就是一个自我循环的过程。

　　母亲听了李耳的话，感到很欣慰。她知道，李耳的好奇心和求知欲将会推动他不断地前进，走向更深层次的探索。接着，母亲问他与他的生命有什么关系，李耳回答说每个人都有自己的作用，谁也不比谁高，谁也不比谁低。他意识到，每个人都是独一无二的，都有自己的特点和价值。李耳还想到了另外一个问题，就是是否有另外一种庞大的存在，也可以轻易地决定我们的人生。母亲鼓励李耳去问老师，并告诉他老师是一个精通殷商礼乐的人，可能这就是他未来需要探索的方向。

于是，李耳兴致勃勃地去找老师。老师听了他的问题，微笑着说："李耳啊，这是一个很深奥的问题。人生的道路是我们自己走出来的，我们需要做的就是不断地学习和成长。同时，我们也要尊重大自然和宇宙的规律，这是我们生命的根基。"老师还告诉他，殷商礼乐是一门非常重要的学问，它涉及中国古代文化的方方面面，包括音乐、舞蹈、礼仪、文学等等；通过学习这门学问，他可以更好地了解中国的文化和历史，同时也可以培养自己的审美能力和文化素养。听了老师的话，李耳感到非常开心和满足。他意识到，自己的人生道路还很长，需要不断地学习和探索。他决定好好学习殷商礼乐，同时也要继续探索大自然、了解事物的本质，让自己的生命变得更加丰富多彩。

10

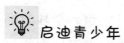

从老子的故事中我们可以看到，好奇心是推动求知与

创新的动力。李耳的好奇心让他不断地探索大自然和人生的奥秘。正是因为他的好奇心，他才会去观察蚂蚁的搬家活动，挖开蚂蚁窝了解它们的生活。好奇心让人们对未知的事物充满探索的欲望和兴趣，从而不断地寻找答案和突破。此外，尊重大自然和宇宙的规律是人类探索和创新的基础。大自然和宇宙中存在着各种规律和法则，人类必须尊重它们并遵循它们，才能够更好地探索和创新。

11

周叔莲：爱书成癖的经济学家

生平简介

12

　　周叔莲 1929 年 7 月出生于江苏溧阳。1953 年复旦大学经济系毕业后他被分配到中国科学院经济研究所工作，1980 年转入中国社会科学院工业经济研究所。他曾任中国社会科学院工业经济研究所副所长、所长，《中国工业经济研究》主编，国务院学位委员会学科评议组成员，全国哲学社会科学应用经济学学科规划组成员，第八届、第九届全国政协委员，中国工业经济教育研究会副会长，中国社会科学院第一届学术委员会委员，2006 年被推选为首届中国社会科学院学部委员。1991 年 7 月周叔莲入选享受国务院政府特殊津贴专家。

主要理论/贡献

　　周叔莲在学术研究中思想解放、实事求是，重视理论与实践相结合，注重调查研究，善于对经济问题进行历史性研究，有强烈的社会责任感。主要研究领域涵盖农业经济、中国工业发展战略、经济结构、城乡关系、技术进步、企业改革和管理等。他曾先后参与或主持中国经济结构调整、中国经济发展战略、中国产业政策、中国城乡协调发展等国家重点课题的研究工作。周叔莲对经济改革和经济发展问题有自己独特的看法，提出过系统的理论和主张，参与论证过"科学技术是生产力"等经济改革理论。在中国经济学界，他较早从理论上论证了国有企业有必要也有可能实行自负盈亏。他最早提出了中国应优先发展轻工业的发展战略，对中国工业发展战略的一系列重要问题提出了解决方案。

13

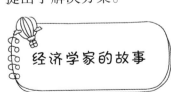

经济学家的故事

　　周叔莲曾说如果要回答他治学有什么经验的话，那么经验只有"勤奋"两个字。他的一生都在不断地学习和探索。

　　周叔莲出生在江苏省溧阳市的一个普通家庭，从小便好学用功。尽管战乱年代家庭条件不好，他的父母还是坚信教育能改变命运，因此一直鼓励他求学读书。在这样的家庭氛围中，周叔莲养成了勤奋好学的习惯，书籍成为他最亲密的朋友。

　　初中毕业后，他离开家乡进入江苏省立常州中学就读。在这所学校里，他接触到了进步的思想。这也激发了他对知识的强烈渴望，从那时起，每个周末就是他读书学习的最好时间。高中时期，他更加如饥似渴地阅读各种书籍，尤其是那些进步作者的作品。高中毕业后他考入同济大学新生院，他把家中寄给他买衣服的钱都拿来买了郭沫若、翦伯赞、艾思奇等进步人士的书来学习。1949 年，家乡解放后，周叔莲进入一所小学任教。尽管工作繁忙，他仍然利用业余时间埋头苦读。当时，三联书店出版了王亚南、郭大力翻译的资本论三卷本，周叔莲立刻将其视为宝贵的学习资料，买来仔细研读。此后，他又考入复旦大学，白天上课，晚上只要图书馆开门，他都会在图书馆看书。到经济所工作以后，他依然保留着读书、工作的习惯，即使在节假日，他也会抽出时间来阅读和写作。"文化大革命"期间，很多人失去了读书的积极性，但周叔莲始终相信中国需要经济研究工作，在困难时期他依然坚持学习，坚持阅读，从未放弃对知识的追求，积累了大量的理论知识。

　　周叔莲的一生充满着一个学者对知识的执着追求和对学术事业的无私奉献。他的成功并非偶然，而是他勤奋努力、锲而不舍地奋斗的结果。正如他自己所说："如果不学习，将来如何承担起国家和人民交给的任务啊！"这种精神值得我们每一个人学习和传承。

启迪青少年

　　周叔莲的故事给我们上了一堂生动的人生课。他从未放弃追求知识和真理，即使在工作繁忙和困难时期他也始终保持学习的习惯，他的成功正是源于这种对知识的不懈追求和对未知的勇敢探索。作为新时代的青年，我们有着更多的学习机会和资源，更应该以周叔莲先生为榜样，去探索和利用好这些资源，不断地学习和进步，将知识转化为自己的能力，为实现自己的梦想和报效祖国贡献自己的一份力量。

厉以宁：经济学家中的诗人

生平简介

厉以宁是我国著名经济学家、思想家、教育家，他于1930 年 11 月生于南京，1955 年毕业于北京大学经济系。厉以宁毕业后留校工作，曾任北京大学光华管理学院院长、北京大学社会科学学部主任、北京大学光华管理学院名誉院长。他长期从事中国经济研究工作，曾担任过中国国际交流协会顾问、中国国际经济交流中心执行副理事长等职务。他的著作《中国经济改革的思路》《非均衡的中国经济》等被视为中国经济学领域的经典之作。

主要贡献

作为经济学家，厉以宁先生一直关注中国经济改革进程，提出了一系列具有深远影响的理论，成功引导了中国

16

的经济体制改革。他带领北大光华管理学院完成了关系国家建设的十件大事，包括：呼吁提高教育支出在国民收入中的比重；奠定产权改革的重要地位；主导证券法、证券投资基金法的起草；推动出台了"非公经济 36 条"和"非公经济新 36 条"；作为顾问组组长助力贵州毕节扶贫开发；提出梯队推进战略的区域发展新思路；参与股权分置改革；推动现代工商管理教育体系建设；参加集体林权制度改革；参加中国经济低碳化改革。

经济学家的故事

厉以宁教授不仅是一位著名的经济学家，还是一位优秀的诗人。2018 年 1 月商务印书馆出版了《厉以宁诗词全集》，收集了厉以宁 1 416 首诗词。今后人们不仅记得他的经济学思想，也会记得他的诗词。

小时候，厉以宁对文学非常着迷，他经常翻阅经典的古代名著，包括《红楼梦》《三国演义》等。他不仅阅读中国文学，还喜欢阅读外国名家的作品，比如莫泊桑和托尔斯泰的著作。但其中，他尤其喜欢诗歌。自幼他就喜欢诵读古诗词，很小的时候就能背诵许多首，每当他阅读那些古人的诗歌作品时，他便会沉浸在其中，用心感受古人的思想，感受他们对美和人生的追求。

厉以宁曾说他真正想要创作诗歌的兴趣是从中学时代培养起来的。他 17 岁在南京上学时，一次学校春节放假，他在回家乡仪征的途中，被周围的景色所感染，心情格外舒畅，一口气写下了他人生中最早的 4 首诗词。其中第一首为《相见欢·仪征新城途中》：

　　桨声篙影波纹，石桥墩，蚕豆花开一路水乡春。

　　长跳板，小河岸，洗衣人，绿裤红衫都道是新婚。

　　故乡的一切在 17 岁的少年笔下都是那么新奇和美好，读来使人仿佛身临其境。

　　后来，这位文学青年阴差阳错踏入了经济学界，成为中国最具影响力的经济学家之一。不过在研究经济学的过程中厉以宁一直没有忘记对诗词的热爱和追求，诗词创作一直伴随着厉以宁的成长。他始终认为诗词对人生具有非常大的潜移默化的作用。一首好诗，往往可以影响人的一生。而作诗填词，可以修身养性，遣兴抒怀，培养人的高尚情操和广阔胸怀。他在大学毕业时的《鹧鸪天·大学毕业自勉》很好地表现了其求学的志向。

　　溪水清清下石沟，千磨百折不回头。兼容并蓄终宽阔，若谷虚怀鱼自游。心寂寂，念休休，沉沙无意却成洲。一生治学当如此，只计耕耘莫问收。

　　实际上，厉以宁先生的很多诗词都和他的亲身经历有关，他借诗词寄托情感，表达自己的理想和抱负，讲述他的思想和感悟。从这些诗歌中，我们能看到厉先生对工作、对生活的热爱与执着。

 启迪青少年

厉以宁的诗歌之路对他有着非常重要的意义，它能够给他带来灵感、启示，陪伴他度过人生的低谷，使他更加敏锐地感受到生活中的美好和价值。诗词歌赋是中华民族传统文化的重要组成部分，学习诗词可以增强我们对于中国文化的了解，提高自身的人文素养和文化修养，激发我们的创造力和想象力，让我们更深入地认识这个世界、更好地认识自己，开启探索人生和世界的新视角，让我们成为更好的自己。

19

道格拉斯·C. 诺斯： 经济学家的演化之路

生平简介

道格拉斯·C. 诺斯（Douglass C. North）1920 年生于美国马萨诸塞州，1942 年、1952 年先后获加利福尼亚大学学士学位和哲学博士学位。他曾任《经济史杂志》副主编、美国经济史学协会会长、国民经济研究局董事会董事、东方经济协会会长、西方经济协会会长等职务。诺斯历任华盛顿大学经济学教授、圣路易大学鲁斯法律与自由教授及经济与历史教授、华盛顿大学经济系卢斯讲座教授。

主要理论/贡献

诺斯是新经济史的先驱者和开拓者。他开创性地运用新古典经济学和经济计量学来研究经济史问题。他对经济学的贡献主要包括三个方面：用制度经济学的方法来解释历史上的经济增长；重新论证了包括产权制度在内的制度的作用；极大地发展了制度变迁理论。他是新制度经济学的创始人，他也因此获得 1993 年诺贝尔经济学奖。

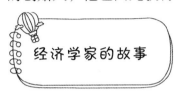

经济学家的故事

诺斯曾在演讲中说过，他是在丰富多彩的生活之中，经历了演化为经济学家的过程。

诺斯出生于马萨诸塞州的剑桥，小时候因为父亲工作的关系他们时不时地搬家，因此他在不同的国家都念过书，这样的经历让诺斯有机会接触到不同的文化和生活方式，开阔了他的国际视野。此外，他的母亲非常重视多元教育，鼓励他尝试各种新的事物，培养不同的兴趣爱好，因此诺斯在年轻时就对摄影、古典音乐等产生了浓厚的兴趣，高中时他曾多次在国际性的摄影竞赛中获奖。

上大学之后，诺斯又深深地迷上了马克思主义，他的生命也全然改观。当时世界正经历第二次世界大战，诺斯和当时很多青年一样积极参加学生运动，并且为了表达自己反对战争、支持和平的态度，他选择了毕业后进入商船服务，后来成了真正的领航员。

海上航行的岁月，让他有三年的时间持续不断地阅读。就在阅读的过程中，他立志要成为经济学者，并且打从他立志要成为经济学者的那一天起，他就清楚地知道自己要走的方向就是探索是什么因素造就了经济上的富庶或贫困。在他看来，只有做到了这点，接着才能谈如何改进经济的运行。

往后经济研究一直是诺斯生命中的重心。一路走来，这个持久不变的目标一直指引、塑造了他的学术生涯。不过在这个过程中他也从未放弃对生命中其他美好事物的追求：他一直保持着对摄影、垂钓、打猎等活动的热爱，这些活动让他的生活更加丰富多彩；他还拥有两所农场——分别位于加利福尼亚州北部和华盛顿州，这让他能够在忙碌的工作之余，也能够享受与大自然亲近的乐趣；在 20 世纪 60 年代，诺斯还学会了驾驶飞机，并拥有了自己的私人飞机，这使得他能够更方便地前往各地进行学术交流和旅行探险；他对美食和美酒也有着极高的品位，特别喜欢品尝世界各地的佳肴美酒。此外，音乐也一直是诺斯生活中不可或缺的一部分，他喜欢在闲暇时光欣赏各种音乐作品，感受音乐带来的愉悦。

诺斯的学术研究和生活体验都充满了探索精神，他一生都在不停地追求真理和更好的自己。

启迪青少年

　　诺斯的生活方式充分体现了他在学术研究与休闲之间的平衡。正如他自己所说，经济研究一直是他生命中的重心，但其他各式各样的活动也掺杂其中，丰富了他的人生。这样的生活方式使他既在经济学领域取得卓越的成就，又充分享受了生活的乐趣。诺斯的人生道路为我们树立了一个榜样，我们应该像他一样珍惜生活中的每一个瞬间，不要忽略身边的美好，要在学习与生活之间找到一个平衡点，这样才能体味充实而美好的人生。

理查德·H. 泰勒： 演员？ 经济学家！

生平简介

理查德·H. 泰勒（Richard H. Thaler）1945 年出生于美国新泽西州，现为美国经济学会会员、美国艺术与科学研究院院士，是行为经济学和行为金融学领域的重要代表人物。泰勒曾先后执教于罗切斯特大学和康奈尔大学，1995 年起任芝加哥大学商业研究生院行为科学与经济学教授、决策研究中心主任至今。从 2002 年起他多次获得诺贝尔奖提名，2017 年获得诺贝尔经济学奖。

主要理论/贡献

泰勒的研究主要集中于心理学、经济学等交叉学科，并且在储蓄和投资行为研究方面具有很深的造诣，他由此被认为是现代行为经济学和行为金融学领域的先锋经济学家。在理论研究中，他对反常行为、经济人假设、禀赋效应、跨期选择、心理账户和股票市场等方面的研究做出了重大贡献；在实际应用上，他分析和解释了消费者行为、社会福利政策、储蓄投资政策等行为经济案例。其代表作有《赢者的诅咒》《准理性经济学》和《助推》等。

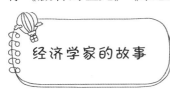

经济学家的故事

　　泰勒是首位将心理学引入经济学、创立行为经济学的学者。曾经很长时间里，泰勒是全球最有争议的经济学家之一，争议的焦点源于他倾向于强调事实。这与权威的传统经济学理论不一致，泰勒因此受到了主流学界的很多批评。不过这并没有阻挡住泰勒探索的脚步。

　　在罗切斯特大学攻读经济学硕士研究生学位时，西蒙的论文叫《生命的价值》，光这个题目就让他的硕士论文导师心如死灰。此番之后，他丝毫没有收敛，而是继续放飞自我。他开始对人类的非理性行为着迷，甚至列了一份"非理性行为清单"，这些不断累积的、令人啼笑皆非的"正常人的错误"让他逐渐意识到，人们并不是像传统经济学假设的那样理性和精明，而是时常犯下"可预测的错误"。在肯定了赫伯特·西蒙"有限理性"这一思想的价值后，他接触到了丹尼尔·卡尼曼和特维斯基与"前景理论"有关的工作，并从此找到了一生的追求方向。此后，他的研究便和卡尼曼、特维斯基、斯洛维奇、罗文斯坦、泽克豪斯等人的工作交织在一起，他们将来自心理学的方法和洞察力运用于经济问题的研究当中，共同书写了行为经济学的宏伟篇章。

泰勒的行为经济学理论和那些比较高深的宏观经济学及微观经济学理论不同，泰勒的理论非常"接地气"，很多内容对我们日常的消费行为和投资行为都比较有帮助。他研究了很多现实经济世界中的反常现象，从心理学角度呼吁经济学家们从理想化假设中走出来。其研究目的不是颠覆传统经济理论，而是希望学者们对反常事物有一个认知并以此推动传统经济理论的不断完善。

慢慢地，泰勒的努力不断取得成效。他对反常现象的思考引发了人们对经济理论的思考，当现有经济学理论不能很好地指导决策的时候，人们开始更多地关注人的行为，不断质疑、不断思考，弥补现有经济学理论的缺陷。

就这样，泰勒通过不懈的坚持和严谨的研究慢慢扎下根来，获得了越来越多人的认可。

2015 年泰勒教授还应邀客串出演获得 2016 年奥斯卡奖的电影《大空头》。在电影中，他和赛琳娜·戈麦斯去了拉斯维加斯的一家赌场，用赌博的例子向人们解释什么是"担保债务凭证",深入浅出地向观众传达了复杂的金融概念,成为唯一出演电影的诺贝尔经济学家。

 启迪青少年

尽管泰勒在开始时受到了批评和阻力,但他依然坚持自己感兴趣的研究方向,将心理学方法应用于经济学研究,并通过不断的学习和交流,逐渐赢得了更多人的认可和支持,为行为经济学的发展做出了重要贡献,也为经济学的发展提供了新的思路和方法。他的故事鼓励我们,要坚持研究自己感兴趣的领域,并持续学习和进步,不断质疑和思考传统理论,接受和推动变革,最终取得突破和成功。

27

革新篇

　　走进挂着"革新"门牌的房间，小明见到了商鞅、桑弘羊、王守仁、亚当·斯密、约翰·斯图亚特·穆勒几位中外经济学家，小明迫不及待地向他们述说了自己心中的疑惑。

您认为创新对个人的重要性是什么？ 小明

商鞅 创新对个人的重要性在于能够推动个人成长和发展，带来新的机遇和解决方案。

31

有哪些方法可以激发创新思维？ 小明

桑弘羊 激发创新思维的方法包括鼓励多元化思维、提供学习和发展机会、鼓励尝试和失败，并建立开放的沟通和合作氛围。

您是如何评估和验证自己的创新想法的？

小明

王守仁

评估和验证创新想法需要依靠数据、反馈和实验，同时也需要保持开放心态接受不同观点。

32

您认为与他人合作和交流对于个人创新的重要性是什么？

小明

亚当·斯密

与他人合作和交流对于个人创新的重要性在于能够吸取不同的思维方法和经验，激发新的灵感和创意。

您如何在个人生活中培养创新精神？ 小明

约翰·斯图亚特·穆勒 在个人生活中培养创新精神可以通过支持尝试新事物、鼓励独立思考和提供学习机会来实现。

33

经济学家们 你不妨看看我们的人生经历和故事吧！加油！

商鞅：成功需要突破传统

生平简介

34

　　商鞅是中国历史上战国时期的一位政治家和统帅，代表了法家学派的观点。他是卫国国君的后裔，姓姬，因此被称为卫鞅，也被称为公孙鞅。由于在河西之战中立下战功，他被封为商十五邑的领主，又称为商君。早年间，商鞅学习了法家、兵家和杂家的思想。后来，他成为魏国的国相公叔痤的中庶子。秦孝公在秦国内发布了求贤令后，商鞅从魏国到秦国，并通过变革使秦国变得富裕和强大。这一变革被称为"商鞅变法"。

主要理论/贡献

　　在土地所有制方面，商鞅代表新兴地主阶级，采取了激进的改革措施。首先，他打破了井田制的限制，承认土地私有制，瓦解了贵族对土地这一重要生产资料的垄断，破坏了奴隶社会的经济基础。其次，商鞅允许土地自由买卖，利用市场原则促进土地资源的有效配置，提高土地资源的利用效率，大大提高了农业生产力。最后，商鞅奖励垦荒，制定了鼓励垦荒的政策，充分发掘地利。

在农业与商业关系方面，"重农抑商"是商鞅变法中最重要的内容，对我国后世两千多年的封建社会产生了深远影响。历代统治者都将"重农抑商"作为维系封建专制统治的基本国策。这极大地激发了秦国百姓从事农业生产的积极性，为国家富强和军事力量增强打下了坚实的物质基础。

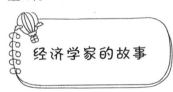

经济学家的故事

　　商鞅，原名公孙鞅，是卫国国君的私生子，平时热衷于研究法家的刑名学说。起初，商鞅侍奉魏国的国相公叔痤。公叔痤发现了商鞅的才能，但不久他就病重了，没能好好推荐商鞅。魏惠王没有听从公叔痤的意见重用商鞅。公元前362年，秦孝公继位。秦孝公以恢复祖先秦穆公时期的霸业为己任，在秦国颁布了著名的求贤令，要求国人和大臣提出富国强兵的策略。商鞅听到这个消息后，来到秦国，通过秦孝公的亲信景监见到了秦孝公。

商鞅第一次用帝道游说秦孝公，但秦孝公听得直打瞌睡。五天后，商鞅再次见到秦孝公，用王道之术游说，但秦孝公仍旧无法接受。商鞅第三次见到秦孝公，用霸道之术游说，虽然得到孝公的认可，但没有被采纳。最后，商鞅与秦孝公畅谈富国强兵的策略，秦孝公听得入迷，两人畅谈数日，毫无倦意。景监对此感到困惑，于是向商鞅询问。商鞅说，秦孝公的意图是争霸天下，所以对耗时太长才能取得成效的帝道和王道学说不感兴趣。

　　商鞅想要实行改革，但很多秦国人不同意，秦孝公也犹豫不决。商鞅对秦孝公说："作为君主，不能只想着分享成功后的喜悦，而应该致力于开创事业。至善之人不合于世俗，成大功者不依从众人。所以，圣贤之人只要能让国家富强、百姓安泰，就不需要拘泥于传统的旧思想。"大夫甘龙等人不同意，说："只有依照过去的规章制度办事，官员才能熟练自如，百姓才能安居乐业。"商鞅回答说："治理国家没有一成不变的道理，国家不必拘泥于古代。在普通人眼中，遵守古老的传统才是正确的做法，而学者们常常受到所学知识的限制。这两种人只适合做官守法，不可能与他们讨论开创新业的事。聪明人制定法规政策，愚笨的人只会循规蹈矩；贤德的人因时制宜，无能的人只会墨守成规。"秦孝公赞同商鞅。于是，主张"当时而立法，因事而制礼"的商鞅变法思想战胜了旧贵族们

"法古""循礼"的复古守旧思想，秦孝公任命商鞅为左庶长，主要负责新律法的制定。之后秦国逐渐强大起来，并最终统一了六国。

 启迪青少年

　　商鞅的故事展示了一个追求知识和创新的人如何面对困难和挑战，以及在历史进程中如何发挥变革的作用。商鞅一直对法家的刑名学说充满热情，这使得他成为一个追求智慧和变革的人物。从魏国国相公叔痤到秦孝公，商鞅一直努力寻找一个支持他的机会。然而，他的才华却始终未能得到充分认可。但是，商鞅并没有灰心丧气，反而不断改变自己的游说策略，尝试用不同的方式来表达自己的观点。秦孝公追求的是争霸天下，而不是遵守旧有的传统。商鞅通过不断调整自己的观点和表达方式，最终使得他们的目标达成一致。然而，商鞅变法后的秦朝也存在一定的遗憾。由于过于追求争霸权力，秦朝最终短命而亡。这也提醒我们，在追求创新和变革的过程中，需要考虑并平衡各种因素，避免走极端和犯下过错。

37

桑弘羊：开动脑筋支持文治武功

生平简介

38

　　桑弘羊是中国西汉时期汉武帝在位时的一位重要大臣，负责财政事务。他起草制定了武帝时期的重大经济政策，包括均输、盐铁官卖、平准、缗钱、屯田和铸钱。桑弘羊于汉景帝五年（公元前 152 年）出生于洛阳，父亲是当地的商人。他在十三岁时因为天才般的心算能力被汉武帝任命为宫中侍中。汉武帝期间多次征战，国家财政困难。桑弘羊主持制定了盐、铁和酒的专卖制度，还推行了均输法。武帝去世后，桑弘羊的政策例如算缗等遭到了各方所谓的"与民争利"的批评。

主要理论/贡献

　　其一，推行国家垄断政策。桑弘羊推行的国家垄断政策涉及盐、铁和酒的专卖。通过专卖，国家不仅获得了巨额财政收入，还能掌控社会稳定的重要因素。其二，推行统一货币政策。由官府统一铸造货币，并实施货币贬值政策以增加国家财政收入。其三，实行优惠税法。采取了一系列优惠的税收政策将商人的税负降至最低，并采用固定税额或年度缴纳税款的方式，减轻了商人的负担。其四，加强公共工程建设。加大对公路、水利和港口建设的投资。他投入大量人力和物力开凿河流，并改善水利灌溉，使河流航运更加便利、水利灌溉更加高效。其五，实行均田制。均田制通过重新分配土地，将不同地区的土地平均分配给每个农民，消除了土地不公的现象，让每个农民都拥有一份固定的土地。

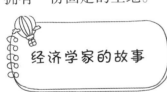

经济学家的故事

　　汉朝时期，有一个叫桑弘羊的人，他出生在洛阳。他从小就展现出了非凡的才能和聪明头脑。桑弘羊只有 13 岁的时候被送进了皇宫，成为皇帝身边的侍中。当时，汉朝正面临匈奴的侵袭，武帝下定决心要对抗他们。经过艰苦奋斗，汉朝的经济逐渐恢复和发展起来。特别是武帝即位后，西汉的经济进入一个繁荣的时期。城乡的粮仓都堆满了粮食，国家财政收入年年有盈余。京师的钱库里存放着数亿钱币，拴钱的绳索甚至都破旧断裂了。每年积攒起来的粮食多得连太仓这个国家粮仓也装不下了，只能露天堆放，很多都发霉变质了。马匹的数量也迅速增加。物质的丰富，表明对抗匈奴侵略的时机已经成熟。

连续不断的战争使得西汉王朝的财政开支大幅度增加，确保有充足的战争资金是一个巨大的挑战。武帝执政初年积蓄的财富很快就消耗殆尽。这个时候，大汉国库面临着一场巨大的财政危机，钱快用光了！大司农郑当是"财政部"部长，看到这个情况后，有了一个大胆的主意。他向武帝提议搞一个"盐铁专营"的计划！意思就是国家出面，接管所有的盐铁生产和销售，这样就能够获得巨大的利益。武帝对这个主意很感兴趣，于是他把目光投向了桑弘羊。桑弘羊是一个聪明的人，对"盐铁专营"计划很是赞同，实行计划的同时也进行了一系列的财政改革。他提出了均输法、酒榷、算缗告缗等新政策，用实际行动来改变以往的国家政策。

桑弘羊的目标很明确，就是让中央政府完全掌握国家财政的控制权。他不再让国家把财富藏起来，而是让政府积极介入经济事务。这样做的确能够让大汉王朝有更多财力来支持宏图伟业。然而，桑弘羊的改革引起了很多既得利益者的不满，他们觉得自己的利益受到了侵犯，因此对桑弘羊的声誉进行了抹黑。虽然如此，从公元前119年桑弘羊开始执掌国家财政到公元前 80 年被杀身亡的近 40 年时间里，桑弘羊一直是大汉帝国的第一理财师。

 启迪青少年

　　桑弘羊展现出了非凡的才智，尤其是在财政管理方面。桑弘羊在财政危机面前，实施了"盐铁专营"的计划，并通过一系列的财政改革来实现这一目标。他的改革包括均输法、酒榷、算缗告缗等新政策，这些政策的实施使得中央政府能够完全掌握国家财政的控制权，为大汉王朝的宏图伟业提供了巨大的财力支持。他的勇气和决心令人敬佩，他为大汉帝国的繁荣做出了重要贡献。他的经历启示我们，在面对问题和挑战时，我们应该保持勇敢的态度，并积极探索新的解决之道。只有不断地追求创新，才能够为社会的发展做出贡献。

41

王守仁：穷且益坚，不坠青云之志

生平简介

王守仁，幼名云，字伯安，号阳明子。他出生在浙江绍兴府余姚县，是明代中期乃至中国历史上重要且影响深远的思想家、哲学家、书法家、文学家、政治家、军事家、重臣、教育家、儒生、阳明学者和心理学家之一。他也是汉字文化圈中最重要的儒家学者之一。王守仁的哲学思想对中国乃至整个东亚的发展产生了深远影响，改变了明朝以后的发展方向，间接推动了商品经济的发展，并为日本明治维新奠定了思想基础。

主要理论/贡献

王守仁认为人的私欲是追求超过必要限度的欲望，但他重视满足人们自然的物质欲望。因此，他非常重视经济问题。首先，王守仁认为经济在社会生活中具有重要地位。他认为经济是政治和文化的基础。他进一步指出，经济可以保障人民的生活，并生产满足人们需要的物质产品。其次，王守仁认为功利之心会蒙蔽人们的良知。他对经济活动是否功利以及经济活动与功利之心的关系提出了自己的看法。他认为良知并不排斥声色获利，但关键在于能否使良知发挥作用。在工商业和借贷方面，王守仁认为工商业和农业一样，都是普通民众应该从事的职业。他反对富商大贾利用借贷来剥削穷人。他提倡节俭，反对奢侈，尤其反对在丧葬和婚嫁等场合不顾自身经济能力过度奢侈。

43

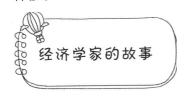

经济学家的故事

弘治二年（1489年），18岁的王守仁带着新婚妻子回他的老家浙江余姚，在旅途中结识了一位书生，他们结伴而行，闲聊解闷。在交谈中，王守仁提出了自己的疑问："怎样才能成为圣贤？"这位书生思考了一会儿，说出了四个字——格、物、穷、理。他不明白这是什么意思，于是书生说："你去读朱圣人的书，自然就会明白。"朱圣人指的是朱熹，他有一个广为人知的观点，即存天理，去人欲，格物穷理。从那时起，王守仁一有时间就努力研究事物，希望有一天能找到他一直梦寐以求的"理"。

当时的皇帝朱厚照整日玩乐，六部九卿官员集体上书，要求皇帝铲除刘瑾等宦官的势力。刘瑾过于强势，奏折被驳回，还要惩罚上书的官员。王守仁在上书的奏折中，不仅要救人，还给了刘瑾一个响亮的称呼"权监"。刘瑾气坏了，不仅打了王守仁四十鞭子，还把他贬为贵州龙场驿的驿丞，身份为平民。

龙场驿站方圆数里荆棘丛生，只有一个老弱不堪的驿丞，他提醒王守仁要注意盗贼来袭，还有本地人来烧房子、捣乱。王守仁卷起袖子，召集随从寻找木料和石料修建房子。然后他亲自深入深山老林，找到当地苗族人，耐心地用手语一遍又一遍地解释，得到他们的认同，让他们住在自己周围。王守仁还开设书院，教他们读书写字，告诉他们世间的道理。当随从们感到困苦和思乡时，他便去安慰他们，分担他们的工作。他还有一个问题没有找到答案："理"在哪里？黑暗笼罩着寂静的山谷，年近中年的他思绪万千，思考着自己的追求和遭遇，他感到茫然又不甘心。"存天理，去人欲"，"欲"在心中，"理"在何处？突然，王守仁大笑，他终于在人生最痛苦的一刻有了答案。空山无人，水流花谢，万古长风，一朝风月，此一瞬，也是永恒。原来"理"在心中。随心而动，随意而行，万法自然便是圣贤之道。王守仁终于顿悟：天理即人欲。王守仁格物十余年，走遍五湖四海寻理，最终在龙场悟道，创建了"心学"，成为明朝的"圣人"。

 启迪青少年

　　这篇文章讲述了王守仁在求知的道路上的经历。他在年轻的时候就对成为圣贤充满了向往，通过与一位书生的交流，他得到了"格物穷理"的启示，开始努力研究事物，希望找到理。在贵州龙场驿，王守仁面临艰苦的环境。然而，他并没有放弃，而是积极地与当地的苗族人沟通，建立了书院，教他们读书写字，传授世间的道理。同时，他也关心和照顾随从。在这个过程中，他一直在思考着自己的追求和遭遇，寻找心中的答案。最终，在他最困惑的时刻，他顿悟了"理"在心中的道理，最终找到了自己的道路。他的经历告诉我们，只有不断地追求知识和创新，才能真正成长、取得进步。同时，他的故事也提醒我们，要勇敢地面对困境和挑战，坚持自己的信念，不放弃追求真理的道路。

亚当·斯密：实践出真知，现实是孕育创新的土壤

生平简介

46

　　亚当·斯密（Adam Smith）是 18 世纪英国经济学家和哲学家，是政治经济学思想的先驱，被后人尊称为现代经济学的鼻祖。1723 年他出生于苏格兰，14 岁考入格拉斯哥大学，学习数学和哲学，并对经济学产生兴趣。17 岁时他转入牛津学院。毕业后，1748 年到爱丁堡大学讲授修辞学与文学。1751—1764 年回格拉斯哥大学执教，1759 年出版《道德情操论》，为他赢得声誉。1776 年经济学巨作《国富论》出版。1787 年他出任格拉斯哥大学校长。1790 年 7 月 17 日斯密于苏格兰爱丁堡逝世。

主要理论/贡献

斯密认为，市场经济是自然而然产生的，是人类追求自身利益的结果。市场经济的核心是市场价格的形成，价格反映了供求关系和商品的价值。自由市场经济是最有效的经济体制，因为它能够激发人们的创造力和劳动积极性，促进经济的繁荣。他主张政府应该少干预市场经济，只有在维护公共利益和保护私有财产的情况下才应该进行干预。

斯密的另一个重要贡献是他对分工和专业化的研究。他认为，分工可以提高生产效率，从而降低成本，提高质量，促进经济发展。他还提出了"看不见的手"的概念，认为市场经济的自我调节机制可以自动调整供求关系，实现最优的资源配置。

47

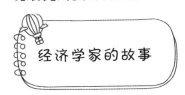

经济学家的故事

斯密年轻时，先后辗转于格拉斯哥大学、牛津学院、爱丁堡大学求学，学成后回到格拉斯哥大学成为一名老师。很快他就因为深刻的见解和独特的思想而声名远扬。

就在这时，英国皇家的年轻伯爵巴克莱找到斯密，并向他提出了一个很有诱惑力的请求。伯爵让斯密带着伯爵的儿子出去旅行，并给斯密令人惊讶的高薪。斯密犹豫不决，因为他知道这个决定可能会结束他在大学的教育生涯。但最后，斯密还是决定接受这个挑战，因为他知道这是一个非常难得的机会——可以让他更好地认识英国和欧洲各国的社会经济情况，对今后自己的经济学研究大有裨益。

斯密和伯爵的儿子在欧洲旅行了两年半，其间他们周游了欧洲各国，领略了各地的风土人情，了解了各国社会经济状况。同时，斯密还与当时欧洲大陆的多位学者进行了深入交流，包括当时欧洲非常著名的经济学家——重农学派的代表人物魁奈。通过交流，斯密发现自己之前对英国的经济发展有着一些错误认识，让他对经济学有了新的认识和思考。后来他深入研究了欧洲大陆不同的经济学派的经济学见解，包括重农学派和重商学派，以及价格机制等经济学原理。他发现，无论哪个经济学派，价值创造都源于市场机制，也就是价格机制，也就是所谓的"看不见的手"。

欧洲游历结束后，斯密回到英国，利用他在游历时的思考和平时的积累，经过 9 年的艰苦创作，写出了传世的经典著作《国富论》，书中记录了他的旅行经历和对经济学的颠覆性认识。他认为政府不应干涉经济活动，而应让市场自由竞争，通过价格机制来调节市场，来促进经济发展和国民财富积累。斯密的思想不仅影响了当时的经济学界，而且在后来对整个世界都产生了深远的影响。

 启迪青少年

　　斯密的经历向我们展示了求学求知中实践的重要性。斯密通过亲身旅行，发现了自己对经济学的错误认识，并从不同领域的人那里获取灵感。通过这些经验，他得以提出自己的经济学理论，并创作出《国富论》这一经典著作，对整个西方世界产生了深远的影响。在我们的求学过程中，也应该像斯密一样，多学习各方的知识，多和人交流，多做实际调研，这样才能得到第一手的资料，才能对经济社会有切身体会，才有可能取得创新性的成果。

49

约翰·斯图亚特·穆勒：童年的学习与创新之路

生平简介

50

约翰·斯图亚特·穆勒（John Stuart Mill）是一位英国哲学家、政治经济学家和英国国会议员。他以其广泛的哲学著作而闻名，研究领域涵盖政治哲学、政治经济学、伦理学和逻辑学等。他的著作《论自由》是古典自由主义的重要作品之一，对19世纪的古典自由主义学派产生了巨大影响。穆勒晚年时，代表英国自由党成功当选英国国会下议院议员。他是继亨利·亨特之后在英国国会提出议案要求给予女性选举权的第二位人物。

主要理论/贡献

从历史的角度来看，穆勒认为财产安全性的提高的必然结果之一就是生产和积累的大幅增加。首先，如果人们没有十足的把握可以享受到自己的劳动和节俭的成果，那么人们就不会勤奋劳动和努力学习。其次，正是不断增强的财产安全、更大的竞争余地和日益丰富的科学认知构成了文明国家实现物质财富历史性增长的基础。此外，穆勒指出，如果人口能够稳定下来，就会有更多的资本以工资的形式支付给同样数量的劳动者。同时，控制人口增长也能让女性摆脱家庭的束缚。最后，关于资本主义的终结，穆勒预测了两种可能的结果：一种是"工人和资本家的合伙经营"；另一种是"在另外一些情况下，最终可能完全成为工人与工人之间的合作经营"。

51

经济学家的故事

从小，穆勒就表现出了对学习的热情。除了数学，他把大部分的时间都花在学习希腊文、拉丁文以及阅读文史著作上。令人惊讶的是，他在三岁时就开始学习希腊文了！父亲为他准备了一套卡片，上面写着希腊语和英文释义。穆勒一旦掌握一些单词，就开始阅读《伊索寓言》《远征记》等原著，并尝试翻译。八岁时，穆勒和兄弟姐妹一起开始学习拉丁语。父亲要求穆勒一边学习，一边教弟弟妹妹。尽管穆勒当时并不愿意花时间备课和教学，但是他从中受益匪浅。通过教学，他能够更全面地理解知识，也记得更牢固。

小穆勒的童年学习中，输出和输入一直伴随着他。除了以教为学之外，父亲还常常在早饭前带着他散步，检验他的阅读效果。从四岁到七岁，穆勒白天一边阅读，一边在纸上做笔记。第二天清晨，他会在草地和花径中，根据自己的笔记向父亲复述故事。父亲会借机向他解释文明、道义、征服等概念，并让小穆勒用自己的话再说一遍。通过这种方法，穆勒读完了《罗马史》《腓力二世》《腓力三世》等作品。学习拉丁文后，穆勒又阅读了《希腊史》《牧歌》，还有贺拉斯、萨卢斯特、西塞罗等人的著作。

当穆勒十三岁的时候，他跟随父亲学习政治经济学。一开始，父亲每天散步时给他讲解一个主题。听完后，穆勒需要提交书面报告，并反复修改，直到表达清晰、严谨周密为止。父亲还让穆勒比较李嘉图和斯密的作品，并用李嘉图的严密推理来检验斯密的观点，找出他论证或结论中的错误。父亲坚守着独立思考的底线，几乎没有任何妥协余地。

开始，他的想法几乎与父亲一致，只有在一些小问题上有些分歧，最终还是以父亲的观点为准。然而，随着时间的推移，他甚至能够说服父亲动摇他的观点。这种训练无疑是痛苦的，但却是成功的。

大多数通过重复练习来获取知识的孩子，他们的智力并没有得到提高，反而被知识所淹没。他们的脑海中充斥着单纯的事实，以及他人的观点和言辞。他们接受了这些东西，却失去了形成自己观点的能力。而穆勒的思维在不断破壳的阵痛中完善，培养了形成自己观点的能力，助他最终成为一名伟大的经济学家。

 启迪青少年

穆勒的童年学习经历充满了对知识的热爱和对创新的追求。他的父亲是一名非常有远见的教育者，通过实践和互动的学习方式，让穆勒在学习中体验到了乐趣，也培养了他的独立思考能力。这种教育方法的一个关键点是将学习和实践结合起来。通过教授他人，穆勒不仅加深了对知识的理解，而且锻炼了自己的表达能力和批判性思维。同时，通过阅读和写作历史，他不仅了解了过去，也学会了如何理解和解释复杂的社会现象。总体来说，穆勒的童年经历展示了一个理想的教育模式：既要注重基础知识的学习，也要鼓励实践和创新；既要培养独立思考的能力，也要注重与他人交流和合作。这种教育模式对于青少年自身成才具有重要的借鉴意义。

53

学用结合篇

　　走进挂着"学用结合"门牌的房间，小明见到了计然、刘晏、王安石、刘诗白、托马斯·罗伯特·马尔萨斯、罗伯特·莫顿这几位中外经济学家，他照例向他们说出了自己心中的疑惑。

您觉得学用结合对于学习的重要性是什么？ 小明

计然 学用结合对于学习的重要性在于能够将所学知识与实际经验相结合，加深理解并提高应用能力。

57

您是如何在日常生活中运用所学的知识和技能的？ 小明

刘晏 在日常生活中，我会尝试将新学到的知识和技能应用到解决问题、完成任务或者创造新东西的过程中，以此不断加深理解和提高应用能力。

您认为如何培养自己的学用结合能力？

小明

培养学用结合能力的方法包括不断实践所学知识、积极寻找机会将知识应用到实际情境中，并且不断反思、总结经验，以及保持开放的思维，愿意接受新的观点和方法。

王安石

58

您觉得学习新知识和应用已有知识哪个更重要？

小明

学习新知识能够带来创新和新思维，而应用已有知识则能够提高效率和解决问题，两者缺一不可。

刘诗白

您认为学用结合对于创新和创造力有何影响？ 小明

托马斯·罗伯特·马尔萨斯&罗伯特·莫顿

学用结合对于创新和创造力有着重要影响，因为它能够让人们更灵活地运用知识和技能进行创新，同时也能够通过实践不断改进和完善创意。

59

经济学家们 你不妨看看我们的人生经历和故事吧！加油！

计然：七策用其五，越王成霸

生平简介

计然（生卒年不详），姓辛，名钘，字文子，又称计倪、计研，号计然、渔父。计然是春秋时期的著名经济学家和政治家，他曾经南游越国，成为越王勾践的谋士之一。他博学多才，尤其擅长计算和经济管理。他的经济思想对越国的发展和繁荣产生了重要的影响。计然喜欢遨游于山海湖泽，十分潇洒。他南游越国时，越国大夫范蠡拜计然为师，计然就传授给了范蠡七条计谋。后来范蠡辅佐越王勾践，仅使用了其中五计就灭掉了吴国。

主要理论/贡献

计然认为，了解商品的市场需求和供应情况是非常重要的。他强调，只有掌握了"时"和"用"的规律，才能够把握商品的流通情况。此外，要研究商品过剩或短缺情况，才能够知道贵或贱的道理。要使财货钱币周转如流水一样，这样才能够让国家繁荣富强。计然的思想对越国的经济和商业发展产生了深远的影响。他的理论和实践成果，不但在当时对越国的经济发展产生了重要的影响，而且对后来中国的经济和商业发展也产生了深远的影响。

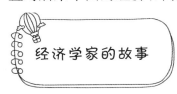

经济学家的故事

在公元前490年，勾践在被吴国囚禁两年后返回越国。但是，回到越国的勾践并不是一位王者，他只带着空空的行囊和无尽的辛酸。他想要振作起来，尝试苦胆，亲自耕作，王后也亲自纺织，以身作则，力图提振越国的人心。然而，复仇和复国都需要实力，需要专业的人才，只有态度诚恳是不够的。于是，计然出现在勾践的眼前。

《史记》中的《货殖列传·计然》记载，计然对越王勾践说："知道要打仗，就要做好战备工作；了解货物什么时候为人们所需求购用，才算懂得什么是商品。掌握'时'与'用'二者的规律，那么各种货物流通情况就可以观看清楚。""积贮货物之常理是务求完好牢固高质量之物品，不要有积滞不流之'死钱'。以东西互相做买卖，要注意不留存易腐易蚀之货物，不要冒险囤积居奇以待涨价。要研究商品过剩或短缺情况，才会知道贵或贱之道理。东西贵到极点就会返归于贱，贱到极点就会返归于贵。当东西极贵之时，须乘时卖出，视同粪土而不惜；当东西极贱之时，须乘时买进，视同珠玉而珍惜。要使财货钱币周转如流水一样。"①

越王勾践深受计然的教诲，他认为计然的思想非常有道理。于是，他开始实践这些思想，并在治国方面取得了很大的成就。他在国内实行了一系列的经济政策，包括发展农业、手工业和商业，鼓励人们创造财富。这些政策的实施使得越国的经济逐渐繁荣起来，国家的财富不断增加。越王也最终实现了自己的宏愿灭掉了吴国。

计然这位春秋时期的经济学家极具求知创新精神，他对市场进行了深入的观察和了解，并做出了系统的归纳和总结，同时结合当时越国的环境给予适当的建议，最终帮助越王完成了复仇，达成了霸业。

启迪青少年

计然的思想告诉我们：只有深入了解市场需求和供应情况，才能够做出明智的决策；只有让财货钱币周转如流

---

① 司马迁. 史记：4卷［M］. 文白对照大字本. 哈尔滨：黑龙江科学技术出版社，2012：2570.

水一样，才能够促进经济的发展和繁荣。求知的过程是对于普遍规律的一种探索了解，而创新则体现在了对于普遍规律的运用。青少年的学习过程就是一个求知的过程，在这个过程中应该努力掌握所学知识的一般性的、普遍性的规律和方法，同时举一反三，活学活用，这样才能取得好的成绩，成就好的事业。

63

刘晏：实践出真知

生平简介

刘晏，字士安，出生于曹州南华，是唐代的经济改革家和理财家。他在幼年时就展现出卓越的才华，被誉为"神童"，声名远播京师。《三字经》中有"唐刘晏，方七岁。举神童，作正字"的诗句。刘晏曾担任吏部尚书、同中书门下平章事、度支使、铸钱使和盐铁使等官职，被封为彭城县开国伯。他实施了一系列财政改革措施，包括改革榷盐法、改革漕运和改革常平法，为"安史之乱"后唐朝的经济发展做出了重要贡献。

主要理论/贡献

在财政收入方面，刘晏主要是利用商品经济增加财政收入。刘晏认为"因民所急而税之，则国用足"。盐是人们的急需之物，因此，税于盐价，使盐利成为增加财政收入的重要项目。此外，他认为"户口滋多，则赋税自广，故其理财常以养民为先"。他的增加赋税收入的办法，不是单纯依靠增税，而是通过实行有利于人民休养的政策，以促进人口的增加和生产的发展，使税源扩大。

在赈济贫民问题上，刘晏有独特的主张，他不赞成进行无偿的赈济。在发生灾荒时，他除了及时进行减免赋税和必要的贷放外，还利用常平法，在灾区出卖粮食，收购其他杂货，运往别处出卖或留给官府自用。他认为这样做既不会造成国用的不足，又能使"下户力农"得到实际好处。

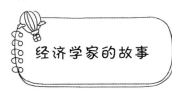

经济学家的故事

在古代，漕运相当于现代的高速公路，是国家运输的重要通道。但在唐朝刘晏接管漕运事务之后，他发现漕运有很多问题。为了国家和社会的发展，他开始思考如何改进这个系统。

但是刘晏一时之间也想不出好办法。于是，他决定亲自去察看实地情况，希望能找到解决问题的方法。刘晏骑上马，带着随从离开了长安城。一行人沿着河道从西往东，穿越关中，到达了河南，然后再往东走，来到了淮河边。接着，他们改乘船，顺着河道，绕过山梁，穿越峡谷，走了一大圈。在这个过程中，刘晏走走停停，到达每个地界，都走进当地的村庄，与乡里人家交谈，了解村庄的情况，询问村民的生活状况，了解人口数量。当他看到大山时，他会仔细观察地势和坡度；当他看到河湖时，他会观察水流的速度和流向。经过几个月的游历，他心中渐渐有了解决问题的办法。

回到长安后，刘晏向代宗皇帝汇报了他的所见所闻。他建议将长江、黄河、汴水和渭水这四条水路作为漕运的主要线路，将河道打通，一直延伸到长安的渭桥。一旦这条线路打通，南方的稻米就可以顺利运进长安。得到皇帝的批准后，刘晏立即行动起来。首先，他将从各地调来的民工分成队伍，在各个地方同时开展工作。有的挖泥土，有的开河道，有的修护河岸，有的造船只。刘晏也经常亲自到工地视察，解决出现的问题。有人向刘晏报告说，南方的丹阳有一个练湖，是漕运的水源，但当地的富豪私自占据湖面，将水排出，将湖泊改成农田，成为自己的领地。这样一来，船只无法通行，当地的农民也遭受了损失。刘晏立刻上报朝廷，要求收回富豪占据的土地，恢复湖泊的原貌。

尽管河道已经打通，但漕运的线路非常长，沿途还存在许多问题。有些地方盗贼猖狂，盗贼经常抢劫粮船。这个问题困扰刘晏很长时间。最后，他提出了一个建议：将漕运改由政府负责。在盗贼多的地方设立专人缉拿。通过这样的改变，漕运变得顺畅起来。

当四条河流的漕运都畅通后，第一批粮船到达了长安，附近的百姓像过大年一样，纷纷跑来观看，他们高兴得又唱又跳。长安的百姓赞扬刘晏是一位保护国家和人民的好官员。

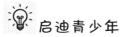 启迪青少年

刘晏作为一名官员，面对漕运系统的问题，并未听之任之，而是积极思考如何有效解决。他没有只坐在官府里推敲，而是深入实地，与百姓交流，观察地势，寻找解决问题的办法，这种求知与创新的精神令人钦佩。刘晏的改革取得了显著成效，漕运线路畅通了，粮船顺利到达长安，人民的生活也得到了改善。只有积极求知、勇于创新，才能推动社会进步。这个故事告诉我们，求知与创新是推动社会进步的重要力量。虽然我们在课堂能够学习非常多的知识，但最终我们要回到现实生活中来，解决我们遇到的现实问题。同时，它也提醒我们，一个人要成为国家的栋梁，就要有担当精神，要为国家和人民的利益而努力。

67

王安石：善于解决问题的小能手

生平简介

68

王安石是中国北宋时期的政治家、文学家、经济学家和思想家。他于庆历二年（1042 年）考中进士，先后在江苏、浙江、安徽、河南等地任职，二十年间广泛接触社会生活，对社会上的各种问题有着深刻的认识。直至担任宰相后，他发动了改革，这次改革被称为"熙宁变法"或"王安石变法"。"王安石变法"，是中国历史上一次重要的经济改革，极大地推进了当时社会经济的发展，并对后来的社会经济产生了非常大的影响。

主要理论/贡献

第一，推行"青苗法"。王安石认为农业是国家的经济基础，主张通过减轻农民负担，提高农业生产力，保护农民的利益，从而促进社会经济的发展。第二，推行"均输法"。王安石认为税收制度应该公平合理，主张按照人口和土地面积来分配税收负担。这项改革减轻了贫苦人民的负担，促进了社会的稳定和发展。第三，推行"保甲法"。王安石认为社会治安是经济发展的重要保障，主张通过组建"保甲"制度，加强对社会治安的管理和控制，保障人民的生命财产安全。第四，推行"方田均税法"。王安石认为土地制度是经济发展的重要基础，主张按照土地面积来分配税收负担，保障农民的土地权益，促进农业生产的发展。

经济学家的故事

王安石小时候就很聪明，总会想出办法来解决一些棘手的问题。下面两个小故事就很好地体现了这一点。

故事一：

王安石小时候上学，每天都要经过一家面馆，而他也经常在这里吃早点。时间久了，王安石就自然和面馆的老板、伙计们都相识了。有一天，王安石来到这家面馆吃面。他坐下后，老板和伙计们想考考他，故意不给他端面。王安石苦等许久，看见后进门的人都吃上了面，便问跑堂的伙计："师傅，我的面做好了吗？"伙计答道："就来。"不大一会儿，跑堂的伙计手中拿着一双筷子对王安石道："小朋友，你的那碗面做好了，但是大师傅说要自己去端。"

王安石也不计较，径直来到厨房，只见灶台上放着一碗热气腾腾的肉丝面，滚烫的面汤快要溢出碗外，大师傅笑眯眯地对王安石说："小朋友，这碗面是我特意为你做的，味道格外好，肉也特别多，你能把它端到堂前去，不泼洒一滴汤，就可以白吃，不要钱。"王安石问："这话是真的吗?"大师傅说："这么大的一家面馆，还出不起一碗面吗?"王安石用筷子轻轻地往碗里一伸，把面条挑了起来，碗内自然只剩一半碗汤了。就这样，王安石左手端起汤碗，右手拿着筷子挑起面，顺顺当当地把一碗满满的热面条端到店堂前，然后津津有味地吃了起来。面馆里的人都竖起大拇指称赞王安石。

故事二：

在一个秋雨绵绵的日子里，王安石的父亲坐在屋里，直盯着外面的雨水。他突然叫来王安石问道："听说你聪明，我不信。我坐在屋里，你能不能让我站到院子里淋雨? 如果能做到，我就相信你真的聪明。"

小王安石知道父亲在考验自己，于是微笑着回答："父亲，这样的天气当然应该在屋里，我怎么能叫您去淋雨呢?"他的父亲摇了摇头："那你还真不聪明。"王安石并没有放弃，接着说："但是，如果您真的去了院子里，我可以让您回到屋里来，您信不信？"他的父亲不屑地回答："我不信。"他父亲说完走出屋子，来到院子里。

王安石在屋里来回走动，却没有喊父亲回来，让他在雨中淋着。他的父亲等了很久，开始变得不耐烦了，催促王安石开始行动。王安石说："父亲，您说的是叫我让您站到院子里淋雨，没有说要我叫您回来。"他的父亲这才恍然大悟，笑着说："你还真有点本事。"王安石说："父亲，您快回来吧，淋雨会生病的。"他的父亲马上回到屋里，王安石又说："父亲，我也成功地把您请回来了。"说完，两人都哈哈大笑。

71

启迪青少年

这两个小故事都反映了王安石善于思考问题，善于从不同的角度来找到解决问题的方法。在第一个故事中，他没有因为等不到面就生气或者离开，反而另辟蹊径，最终享受了一碗特别好吃的面。在第二个故事中。当父亲提出让父亲本人在雨中淋雨的要求时，王安石并没有放弃或者直接拒绝，而是想到了一个更好的解决方案。我们在学习和工作中，会碰到很多的困难和障碍，我们要充分发挥我们的想象力和创造力，才能找到更好的办法。

刘诗白：实践得真知

生平简介

刘诗白，1925 年生，是我国著名理论经济学家，西南财经大学教授、博士生导师，西南财经大学名誉校长，代表作有《产权新论》《现代财富论》等。2017 年刘诗白获第六届吴玉章人文社会科学终身成就奖，2023 年获首届"人民教育家卫兴华经济学教育奖"。

主要理论/贡献

作为当代杰出的马克思主义政治经济学家，刘诗白先生长期致力于马克思主义政治经济学理论的研究与思考，为马克思主义政治经济学中国化、时代化做出了卓越贡献。刘诗白先生作为研究社会主义市场经济理论的先驱，曾提出"社会主义经济仍然具有市场经济性质"等重大突破性思想观点；他也是我国较早提出社会主义所有制多元性的学者之一，围绕社会主义市场经济理论等诸多领域都提出了独到的见解，做出了重要的贡献。

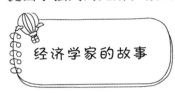

经济学家的故事

刘诗白十分重视将经济学理论和生产实践相结合，他曾说："我没有超前的理论发明，我的经济学理论不是坐在家里写出来的，我的一切理论和论述都离不开对实际的调查研究，都是从工厂和农村中跑出来的。"

20 世纪 50 年代，为了做好经济改革理论方面的研究，刘诗白做了大量的社会调查。他认为搞研究不能只读书，在房间里面得出的理论是空心的。经济学家要将自己的见解上升为理论，并且这个理论要对社会有用，就一定要有充分的亲身体验，要从实践中探索真理。

73

从年轻时开始，刘诗白每年都要多次下乡调研，有时候一去就是几个月。其间，他驻厂驻队，住过窑洞，也住过当地贫农家里。有些住的地方条件非常差，一下雨屋子都漏水。生活也十分艰苦。有一次，刘诗白下乡一住又是半年，但是每个月只有 18 斤（1 斤＝500 克，下同）粮食，这些粮食还要和当地老百姓分享，农民家出红苕，他出米，煮熟了大家一起吃，半年时间就瘦了 10 多斤。即使这样艰苦，刘诗白还是不断调研，不断总结，为以后的经济学理论积累了大量的第一手资料和素材，也为以后的理论研究打下了坚实的基础。

刘诗白曾感慨地说，他下乡下厂的经历确实十分艰苦，但是不这样，就理解不到劳动人民的艰辛，就看不到当时我国农村生产力低下的现状，就无法了解基层真实情况。也正是这些在基层的经历，增强了他对中国经济的理解，增强了对经济改革必要性和重要性的认识，也催生了之后很多相关理论。

74

比如他在 20 世纪 80 年代关于产权理论的研究成果，都是他在成都、德阳、绵阳等地工厂里调查得出的。正是在实践中的深刻感受，让他认识到：生产的东西要是无偿调拨，生产者就没有积极性；生产者有了自主权，就会有积极性。他由此也明白了生产者为什么要有权责，工厂为什么要有产权，也才知道应该做什么研究以及怎样去做研究。

"我自己写的 300 多篇研究文章、20 多本书，根都在这里，都是我看到的最实际的情况。"刘诗白说，支撑自己一直这样做研究的核心动力，就是情怀，"为了家国和人民，去书中寻找答案，在实践中检验答案，在总结中得出理论。"

启迪青少年

刘诗白先生的故事告诉我们要注重实践，勇于践行和创新。他通过大量的调查和深入实践，得出了很多具有独到见解的经济理论，并将这些理论转化为对社会发展有用的实践方案。这告诉我们不仅要从书本中学习知识，更要在实践中不断尝试和探索，将自己的经验转化为行动的力量，积极面对挑战和困难。另外，刘诗白先生的故事还教育我们要关注社会现实，关心人民生活。他下乡下厂的经历让他深刻理解到生产者的权利和积极性对于经济发展的重要性，这也成为他后来产权理论的重要思想基础。青少年也应该了解社会现实，思考如何改善人民的生活，为社会发展做出自己的贡献。青少年不要仅仅局限于自己的小圈子，要拓宽视野，深入了解社会变化和进步情况。

托马斯·罗伯特·马尔萨斯：赢家须有更好的东西

生平简介

76

　　托马斯·罗伯特·马尔萨斯（Thomas Robert Malthus）是一位英国牧师、人口学家和政治经济学家。马尔萨斯出生在一个富裕家庭，他的父亲丹尼尔是哲学家休谟和卢梭的朋友。马尔萨斯在家中接受教育，并于1784年进入剑桥大学耶稣学院就读。马尔萨斯的父亲受到威廉·戈德温的启蒙思想影响，主张通过改变社会制度来解决社会问题，而马尔萨斯对此持悲观的反对态度。为了反驳他父亲的观点，他在1798年匿名出版了他的著作《人口学原理》。该书对社会学和经济学领域产生了深远的影响，并在学术界引发了争议。

主要理论/贡献

马尔萨斯认为人口可能呈指数级增长，而食品或其他资源则呈线性增长。他认为，当粮食增长的速度跟不上人口增长的速度时，大量人口将会死亡。这种情况被称为"马尔萨斯陷阱"。农业生产一旦无法满足人口增长的需求，就会导致饥荒、战争、贫困以及人口减少等问题。尽管技术进步和丰富的资源可以增加食品供应，提高生活水平并促进人口增长，但最终人口增长会使得人均资源水平回到原来的水平。

77

一些经济学家认为，自工业革命以来，人类已经摆脱了"马尔萨斯陷阱"。然而，其他人认为，极端贫困现象的存在表明"马尔萨斯陷阱"仍然存在，并且由于食品供应不足和环境污染，发展中国家仍然无法摆脱"马尔萨斯陷阱"。

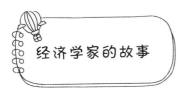

经济学家的故事

在一次游学中，作为牧师和经济学家的马尔萨斯，碰巧遇到了一个农场主。这个农场主正在犯愁，因为自己前景看好的小奶牛无人问津。他有些郁闷地指着这头可爱的小动物向马尔萨斯诉苦："您瞧瞧，这头小奶牛如此优秀，我带着它来镇上出售，价格为 200 英镑，可竟然无人过问。"马尔萨斯微笑着听着，打算给他一点儿建议。

聪明的马尔萨斯站在农场主的对面，他花费了一些时间解释道："我有一个办法能够帮助你迅速售出这头奶牛。而且，我还能让你多赚 100 英镑。"农场主对马尔萨斯的建议表示怀疑："您一个牧师也懂得如何卖牛吗？"

然而，马尔萨斯没有嗤之以鼻；相反，他很有耐心地解释道："明天你给这头小奶牛制定两个价格：一个为 200 英镑，这个价格仅仅是进行交易的标价；另一个为 300 英镑，对方需要先支付 200 英镑，这样他们才能把奶牛带回家。之后的一个月里，你将负责为这头奶牛提供草料、打扫牛圈，并指导他们的饲养。一个月过后，如果他们对这头奶牛满意，他们将支付另外的 100 英镑；如果不满意，他们则可以把奶牛退还给你，并取回他们支付的 200 英镑。"

"如果他们不满意，那我岂不是白干了一个月？"农场主忧心忡忡地问道。马尔萨斯笑了笑："你不会努力使他们满意吗？再说了，即使他们真的不满意，你也只是在照料你自己的奶牛，又有什么所谓的'白干'呢？"

农场主恍然大悟，他重新鼓起了斗志，决定再次带上那头可爱的小奶牛去镇上。时光荏苒，一个月后，马尔萨斯收到了农场主的来信。信中满是农场主的喜悦:他不仅成功地卖出了那头可爱的小奶牛,还真的多赚了 100 英镑。而最令他欣喜的是,通过这一个月的交往,买主还成了他的好朋友,以后会经常从他那里购买奶牛。

马尔萨斯激动不已,亦深为振奋。他在回信中说:"这个故事带给我们这样的启示:在交易中,无论商品价格是否更高,谁能够提供更好的服务,谁就能成为赢家。"

 启迪青少年

这个故事讲述了马尔萨斯如何以求知和创新的态度给农场主提供富有创意的解决方案,继而成功地售出小奶牛并多赚 100 英镑的经过。这个故事强调了勇于创新的重要性。农场主原本对马尔萨斯的建议表示怀疑,认为一个牧师怎么可能懂得如何卖牛。然而,马尔萨斯却提供了创新的解决方案。通过这样的创新思维,农场主不仅成功卖出了奶牛,而且还建立了新的业务伙伴关系。这个故事告诉我们,在面对问题和挑战时,我们应该勇于尝试新的想法和方法,寻求创新解决方案。它提醒我们在实现自己的目标和追求创新时,要秉持开放的态度,勇于创新。同时,要通过获取知识和不断学习来提高自己的能力。只有这样,我们才能在竞争环境中脱颖而出,获得成功。

79

罗伯特·莫顿：学以致用的经济学家

生平简介

　　罗伯特·莫顿（Robert Merton），1944 年 7 月 31 日出生于美国纽约。1966 年至 1977 年，莫顿先后在哥伦比亚大学、加州理工学院和麻省理工学院完成数学、应用数学、经济学学习，在校期间受到了著名经济学大师保罗·萨缪尔森的指导，毕业后曾任美国哈佛大学商学院金融学教授。1997 年，莫顿与斯坦福大学教授迈伦·斯科尔斯共同获得诺贝尔经济学奖——表彰他们对金融衍生品的定价问题和金融市场风险管理问题做出的杰出贡献。

主要理论/贡献

　　默顿教授的主要学术贡献体现在对期权定价理论、广泛的金融财务研究和金融体制的研究。他为现代金融理论做出了巨大贡献，是"期权定价模型"创始人。他提出了多阶资本资产定价模型。该模型明确指出投资者应该如何在充满变数的风险市场中实现最佳投资组合。在此之前尽管衍生品金融已经有了悠久的历史，然而大部分的研究方法既缺乏严谨的辩证逻辑，又很难找到有效的检验方法。期权定价理论成为经济学方法论转变的重要标志。

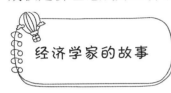

经济学家的故事

81

　　1944 年，莫顿出生在美国纽约的一个 8 000 人左右的小镇。他的父亲罗伯特·K. 莫顿，是社会学界的泰斗，也是著名的"马太效应"的提出者。在莫顿小的时候，父亲就教他学习棒球、扑克、魔术和股票，还为他提供了各种各样的书籍。因而 11 岁时，聪明的小莫顿就买了人生第一只股票——通用汽车，并从中获利。15 岁时，他还动手改装了他的第一辆汽车，当时他的梦想是做名汽车工程师。

　　之后，莫顿进入加州理工学院数学系，正式开始了大学生活。但即便是进入数学系，投资股票也依然是莫顿的"业余爱好"。每天上午 6 点到 9 点上课之前，他都会在当地的证券公司待上几个小时，对当天的股市情况进行分析，并且学会了操盘和买卖。莫顿在那段时期将梦想从成为工程师转向成为一名经济学家。他转入麻省理工学院学习经济学，成为赫赫有名的保罗·萨缪尔森的弟子。

在萨缪尔森的指导下，莫顿为现代金融理论做出了巨大贡献。20世纪70年代初，他与经济学家迈伦·斯科尔斯及数学家费雪·布莱克共同研究出了一个期权定价的复杂公式，即布莱克-斯科尔斯-莫顿定价模型（BSM模型）。BSM模型的核心思想是将期权定价与股票价格关联起来，从而揭示出投资者如何在充满变数的市场环境中实现最佳投资组合。这一理论的提出，为金融衍生品的定价工作提供了全新的思路，使得许多有用的金融产品得以应用于实际投资中。在此之前，由于缺乏对定价成本和风险的准确把握，许多投资者在金融市场上屡屡受挫。而BSM模型的诞生，无疑为金融市场的稳定和发展奠定了基础。

莫顿凭借这一理论，获得了诺贝尔经济学奖，成为当时最年轻的诺贝尔经济学奖得主。然而，他并没有因此而满足，而是继续投身于金融市场的实践。1993年莫顿与另外9人组建了一个名为"长期资本管理"的公司，将BSM模型的理论运用于实践。这家公司在成立初期便取得了惊人的成绩，年回报率高达40%，即使在亚洲金融危机发生的1997年，也取得了17%的利润回报，成为当时华尔街最赚钱的基金公司。据说，在公司溃败前，仅莫顿本人就分到了超过10亿美元的利润。莫顿也因此一度被称为"最会赚钱的诺奖得主"。可以说莫顿先生不仅金融学术造诣极高，而且是金融学术界学以致用的典范。

 启迪青少年

　　莫顿的父亲从小给予他广泛的知识和技能培养，包括棒球、扑克、魔术和股票等，这为他的未来奠定了坚实的基础。此后莫顿虽然进入数学系学习，但他仍然保持对股票投资的热爱，并且最终通过学习经济学，他将梦想转变为成为一名经济学家。正是多元学科的学习使他拥有了渊博的知识和广阔的视野，也拥有了更多的选择机会。同时，莫顿获得诺贝尔经济学奖后并没有因此而自满，而是继续投身于金融市场的实践。他创立的"长期资本管理"公司利用 BSM 模型在市场取得了惊人的成绩，展现了他的实践能力和创业精神。这个故事告诉我们要重视教育和培养，保持对学习的热爱和开放的心态，并将所学的知识和理论应用于实践中，坚持不懈地追求梦想和目标。

83

探索篇

　　走进挂着"探索"门牌的房间，小明见到了孔子、范仲淹、钱大昕、王亚南、约翰·梅纳德·凯恩斯、肯尼斯·约瑟夫·阿罗这几位中外经济学家，充满期待地向他们说出了自己心中的疑惑。

请向您如何区分真知与假知？ 小明

孔子 真知就是知道并且已经做到的；假知就是自以为自己知道，但是老是做不到的。

我为什么要在学校学习那么多理论知识，而不是更多地了解实际生活中的技能和知识？ 小明

范仲淹 在学校学习理论知识是为了帮助你建立扎实的基础。这些知识会在未来的实际生活和职业生涯中发挥重要作用。

当我学到的知识和社会实际发生的事情相悖时，我应该选择相信哪一方？ 小明

钱大昕 当知识和社会实际发生的事情相悖时，我们需要运用批判性思维和多角度思考的能力来分析和判断。这也是经济学中重要的能力之一。

88

如何通过多方面的知识和经验来丰富自己？ 小明

王亚南 可以通过阅读、参加各种活动和实习，以及向身边的人请教，来丰富自己的知识和经验。

为什么我要学习经济学？ 小明

约翰·梅纳
德·凯恩斯

学习经济学可以帮助你更好
地理解和应对日常生活中的
经济问题。比如，你可以学
会如何做出理性的消费决策，
如何理解通货膨胀对你的生
活产生的影响等。

89

知识的传播和共享如何
影响社会的发展和进步？ 小明

肯尼斯·约
瑟夫·阿罗

知识的传播有助于拓宽人们
的视野和丰富人们的认知，
推动社会变革和进步。

经济学家们 〔 你不妨看看我们的人生经历和故事吧！加油！

孔子：三人行，必有我师焉

生平简介

　　孔子是中国古代一位伟大的思想家和教育家，他的名字叫作孔丘，字仲尼。他生于公元前 551 年的鲁国，是一个贫穷的贵族子弟。他的父亲去世后，孔子和母亲一起生活，他努力学习，成为一名很有才华的学生。后来，他成为一名政治家和教育家，他的思想和教育理念对后世产生了重大影响。孔子于公元前 479 年逝世，享年 73 岁。他的学生们记录下了他的言行，孔子的这些言行成为《论语》的重要部分。

91

主要理论/贡献

　　孔子的思想主要集中在他的"仁政"理念上，他认为政府应该制定合理的政策，保障人民的生活和安全。孔子认为农业是经济的基础。他强调农业的重要性，鼓励个人在农业活动中努力工作并提高生产力。同时他也认识到贸易的重要性。他鼓励个人从事商业活动，公平诚实地开展业务。孔子还强调教育的重要性，认为只有通过教育才能培养出德才兼备的人才、推动社会的发展。总体来说，孔子的学说对中国的经济发展产生了重大影响。他对道德行为、农业、贸易、教育和社会和谐的强调有助于创造一个稳定和繁荣的社会。孔子死后，其创立的儒家统治中国古代思想界上千年，孔子本人也被尊称为"圣人"。

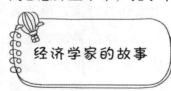

经济学家的故事

　　孔子从幼年起就一心求学，书本、各路名师都是学习的榜样。后来发生的一件事让孔子的认知更上一层：每个人身上都有值得学习的，要学习他们的优点，同时也要避开他们的缺点。

　　春天的一个清晨，孔子带着他的弟子们，驾着一辆车从东门出了城。他们走出熙熙攘攘的城市，来到了无边无际的旷野。天空晴朗，没有一丝云彩，这让他们心旷神怡。

　　在田野里，他们看到一位农夫哼着小曲耕作，一派和平的景象。孔子不禁发出称赞之声，而驾车的弟子子路也兴致勃勃地举起鞭子，赶车向前走去。

突然，他们在路上看到用土筑起的一座"小城"，一个小孩坐在里面，自得其乐，一副漫不经心的样子。当孔子和他的弟子们赶车而至时，子路不假思索就想从小土城上轧过去。但那个小孩并不害怕，坐在那里一动不动。

孔子很奇怪地问他："你为什么不躲开我们的车呢？"小孩坦然地回答："自古以来都是车躲城，哪有车从城上轧过去的道理？"这个小孩的话引起了孔子的注意。他的弟子们也开始对这个小孩产生了好奇心。子路笑着说："你这是玩耍，是假城。我们在赶路，是真车。真假怎能混淆？"小孩毫不示弱地说："你那车是真车不假，我这假城也叫城。你的车从我的城上压过去，那就不合道理。不合道理的事你该做吗？"

这几句话让孔子和他的弟子们无言以对。他们只好叫子路赶着车子绕过去。孔子坐在车里想了一会儿，认为这个小孩说的话很有道理。于是，他派了一个弟子去问这个小孩的名字。弟子回来告诉孔子，这个小孩叫项橐。孔子说："这个小孩说的话非常正确，虽然他年纪小，但却是我的老师啊！"

孔子求知的态度非常谦卑，致力于学习。唐代韩愈说："吾师道也，夫庸知其年之先后生于吾乎？是故无贵无贱，无长无少，道之所存，师之所存也。"也就是说，人学习的是知识，不用在乎比自己大还是比自己小，比自己地位尊贵还是不如自己，我们都可以向他们学习。

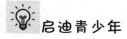 **启迪青少年**

　　"三人行，则必有我师"，出自孔子的《论语·述而》。原文是："子曰：'三人行，必有我师焉。择其善者而从之，其不善者而改之。'"意思是：别人的言行举止，必定有值得我学习的地方；选择别人好的学习，看到别人的缺点，反省自身有没有同样的缺点，如果有，加以改正。这表现出孔子虚心好学的精神。这也是孔子能成为大学问家的重要原因——孔子随时随地都在不断向别人学习，不断反省和提高自己。当然在现代社会，我们不但要继承孔子虚心好学的精神，向我们的老师、同学和朋友学习，取长补短。

范仲淹：清贫不阻学习心

生平简介

范仲淹，字希文，祖籍邠州，后迁居苏州吴县，北宋时期人。范仲淹在幼年丧父后，因母亲谢夫人改嫁长山朱氏，因此改名为朱说。范仲淹勤奋学习并考中进士，被任命为广德军司理参军。之后，他为官辗转各地，但由于坚持公正直言而多次被贬斥。宋夏战争爆发后，在康定元年（1040 年），范仲淹采取了"屯田久守"的策略，巩固了西北边防，并对宋夏和谈起到了促进作用。在西北边事稍有安定后，宋仁宗召回范仲淹，范仲淹在之后发起了"庆历新政"，推行了一系列改革。

95

主要理论/贡献

范仲淹的生产伦理观体现了以国家利益为中心的养民

富国理念。他主张建立以"劝农之实"为主的道德法则，并呼吁朝廷从上至下推动，将农业生产视为整个社会生产的价值导向和标准。

范仲淹积极倡导发展商品经济，认为这可以提高人民生活水平，促进国家经济发展和繁荣，实现养民富国的国家战略目标。他主张通过法律保护商人的合法权益来促进商业活动。

范仲淹深刻认识到社会资源分配不均的问题。为了调节分配不公，他提出了一系列政策主张。他关注公田分配不均所带来的恶劣后果，提出了"均公田"的理念。同时，他也关注社会资源配置失当、权责利不均和不明的问题，提出了"择官长"的观点。

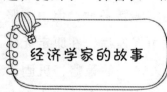

经济学家的故事

范仲淹出生在父亲任职的武宁军官舍。然而，他在两岁时父亲因病去世，此后他和母亲过着艰难的生活。母亲谢氏年轻而无依靠，改嫁给了澧州安乡县县令朱文翰。朱文翰并没有对范仲淹冷眼相待，他不仅抚养范仲淹，还亲自教导他，视之如己出，并寄予厚望，希望他能成为一名杰出的人才。安乡位于洞庭湖畔，范仲淹在这里度过了童年时光，接受了启蒙教育。尽管朱文翰对范仲淹如同亲生子一般，但他之前已经有了很多子女，这导致继父与继子之间常常产生疏离和隔阂。虽然范仲淹当时还不知道自己的身世，但他们父子间的这种疏离感时常显露出来，让他们体现到寄人篱下的感受。加上生活依然贫困，范仲淹从童年到青年时期都经历了艰辛。然而，正是这些艰辛磨炼了范仲淹的意志，塑造了他坚韧不拔的性格，在学习上尤其如此。

范仲淹从小就对书籍充满了热爱，他不断地读书，特别是在多次迁居的青少年时期，每次搬迁都留下了令人感动的刻苦读书的故事。在湖南安乡，范仲淹被父母安排在当地的兴国观读书，他努力自学，坚持不懈。当时的范仲淹只有七岁左右，不仅聪明过人，而且能够忍受艰苦，这为他以后更加努力奋斗奠定了基础。

随着知识的增长和眼界的开阔，范仲淹开始有意识地磨炼自己的意志，从"要我读书"变成了"我要读书"，逐渐形成了与众不同的人格。即使生活条件艰苦，他也没有改变志向。当朱文翰调任淄州长史后，年仅二十岁的范仲淹回到继父的故乡淄州长山县，在县南的长白山醴泉寺专心读书，生活极其困苦。范仲淹在醴泉寺的僧舍读书，每天煮两升粟米粥，等凉后将其分成四块，早晚各吃两块，再将腌菜、酱菜等切碎，加入半杯醋和少许盐，炒熟后拌入粥中。他就这样苦读了三年。这就是范仲淹"划粥断齑"典故的由来。

范仲淹一生如此，既不在意生活的艰苦，甘于清贫，也不关注眼前的得失，心境如止水，专注于长期的积累。1015 年，他终于通过考试，成为进士，朝廷任命他为广德军司理参军，他从此开始了忠于国家、为民尽责的官员生涯。

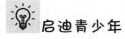 启迪青少年

范仲淹是一名杰出的官员，具有安邦济世和勇于革新的精神。他的忠诚和报国之心正如那句"先天下之忧而忧，后天下之乐而乐"令人钦佩，而他刻苦读书的经历更是令人敬佩。范仲淹的学习精神可以从他的故事"划粥断齑"中看出，这个故事告诉我们，刻苦读书是成功的关键。无论身处何种环境，都应该坚持追求知识。即使生活条件艰苦，也不能放弃对知识的追求，因为知识是改变命运的力量。成功不是一蹴而就的，只有坚持不懈地努力，才能取得成功。

钱大昕：将生命奉献给知识

生平简介

钱大昕，字晓徵，号辛楣，晚年自署竹汀居士，是清代史学家、文学家、教育家，也是乾嘉学派的代表人物。他被誉为中国 18 世纪最为渊博和专精的学术大师。钱大昕早年以诗赋在江南地区闻名。乾隆四十年（1775 年），因父丧归里，从此引疾不仕。归田三十年，专心著述授徒，历任钟山、娄东、紫阳书院讲席，培养了两千多名学生。嘉庆九年（1804 年），在苏州紫阳书院逝世，享年七十七岁。钱大昕的学术研究以"实事求是"为宗旨，涉及领域广泛而深入，包括史学、经学、小学、算学、校勘学以及金石学等。

99

主要理论/贡献

　　钱大昕的学术思想强调学术应该为社会现实服务，并且建立在实事求是的基础之上。他首先提出了立言经世的学术宗旨，认为作为知识分子，在著书立说活动中，应该首先关注经世之事。他主张儒者应该考虑到万世生民的利益，包括宽政轻税等。钱大昕对社会民生非常关注，他认为统治者应该重视社会经济的发展，懂得宽政轻税，让财富惠及百姓，为人民造福。由于他出身于下层知识分子家庭，并与中下层人民保持密切联系，他对民生疾苦有深刻的了解。在发展社会经济方面，钱大昕反对过度征收商业税。在封建时代，传统的统治思想强调农业至上，商业次之。但钱大昕持有不同观点，他认为一些"小人"创造了理财之说，认为国家可以不依赖重税而满足开支。

100

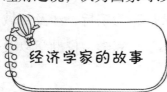

经济学家的故事

　　清朝时期的钱大昕是乾嘉学派的领军人物，被誉为"一代儒宗"。钱大昕出生于雍正六年（1728 年），年轻时就展现出了卓越的才华。他在二十五岁时被封为内阁中书。二十七岁时，他以高中进士的成绩考取了翰林院，成为庶吉士。按照这个发展势头，他有很大机会成为内阁大学士。然而，钱大昕对于仕途的晋升并不感兴趣，他更喜欢从事讲学和担任科举考官的工作。他在四十八岁时因为父亲去世而辞去官职，回家守孝，从此不再涉足仕途。

有了更多的空闲时间，钱大昕将全部精力都投入到学术研究中。他利用业余时间去江南的几所大书院授课，比如紫阳书院和钟山书院。他与江南的名士戴震等人常常通过书信交流、相约出游、举行雅集来探讨学术问题。由于钱大昕博学多才，他经常成为雅集的焦点人物。他的研究范围包括经学、史学、训诂、金石、地理、天文历法等六个领域，被誉为学富五车之才。

在晚年，钱大昕致力于研究"廿二史"，并写了一部多达一百卷的学术著作《廿二史考异》。考异是一种研究历史的方法，旨在辨别古代史书内容的真假对错。可以说，钱大昕以自己的力量重新修订了整个"廿二史"。也许有人会好奇，我们都知道有二十四史，那么"廿二史"又是什么呢？其实很简单，在钱大昕生活的年代，从《史记》到《元史》共有二十二部正式被官方认可的史书。

钱大昕的考异工作从两个方面开始。首先，他修正了史书中内容上的错误。为此，他阅读了大量的历史资料。在清代乾隆年间，金石研究变得很流行，钱大昕利用出土的金石文献资料，对史书中的内容进行考证。这是前朝史学家很少使用的方法，可以说是钱大昕的独创之举。其次，钱大昕采用了比较的方法，将同一历史事件的不同记载资料进行收集和对比，以还原历史的真实面貌。听到这些研究工作，一般人都会觉得头疼，因为这需要广博的知识。钱大昕对于官员制度、地理、氏族等方面的研究成果，一直被史学界认可，直到现代。通过研究历史文献"廿二史"，钱大昕还发现了一些有趣的现象。从唐代开始，官方成立了修史馆，修史工作是由一个集体完成的。如果主编审核校对不严谨，就会出现自相矛盾的记载。通过仔细研究，他特别指出了《元史》中的上百处错误和遗漏。钱大昕把后半生都奉献给了学术研究，到嘉庆九年（1804 年）去世，他的丰硕成果俨然已经成为一座丰碑。

 ## 启迪青少年

　　钱大昕在年轻时就展现出了卓越的才华，仕途顺利。然而，他并不满足于仕途的晋升，而是更喜欢从事讲学和担任科举考官的工作。这种对于知识的追求和对于学术研究的热情，使他在晚年有更多的时间和精力投入到学术研究中。他的求知精神和创新精神，不仅为后人提供了宝贵的学术遗产，也为我们树立了一个追求知识和创新的榜样，鼓励我们在自己的领域不断探索和创新。同时，他的故事也提醒我们，要有勇气追随内心的声音，选择符合自己的兴趣和热情的道路，而不是被外界的期望和机会所左右。

王亚南：锲而不舍的学习之路

生平简介

　　王亚南 1901 年 10 月 14 日出生于湖北黄冈，中共党员，马克思主义在中国的重要传播者，"中国经济学"的首倡者，杰出的马克思主义经济学家和卓越的人民教育家，《资本论》全三卷的中文首译者之一，中华人民共和国成立后厦门大学首任校长，中国科学院哲学社会科学部委员、常委，第一至第三届全国人大代表，第一、第二届福建省政协副主席。王亚南一生著作等身，出版学术著作和译作四十余部，发表论文三百多篇，其开创性探索对中国经济学界产生了深远的影响。王亚南教授还是一位杰出的教育家，他在厦门大学担任教职长达十九年，为我国经济学界和教育界培养了大量优秀人才，为我国的社会主义事业做出了巨大贡献。

主要理论/贡献

　　王亚南是杰出的中国马克思主义经济学家和教育家，他的一生都在追求真理，致力于将马克思主义经济理论传播到中国。他与郭大力共同翻译的《资本论》三大卷，为马克思主义在中国的传播提供了有力的支持，为中国革命、建设和改革提供了强大的理论武器。在翻译《资本论》的基础上，王亚南运用马克思主义的理论和方法来分析、研究中国问题，努力将马克思主义经济学与中国的实际相结合，为马克思主义经济学的中国化做出了重要贡献。代表作《中国经济原论》是"马克思主义政治经济学中国化的成功典范"；《中国官僚政治研究》被称为"研究中国官僚政治的开山之作"；《中国地主经济封建制度论纲》提出著名的"地主经济论"，令国际经济学界瞩目。

105

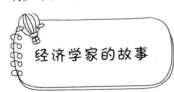

经济学家的故事

　　王亚南一生都在追求知识，为中华民族的繁荣富强和进步事业做出了巨大贡献。他用博大精深的方法、锲而不舍的精神、明辨是非的态度为我们树立了光辉的学习榜样。

王亚南从小就喜欢读书，并养成了刻苦学习的良好习惯，他深知知识改变命运。王亚南少年时曾爬到屋顶上借着月光读书；念中学时则把木板床改造成"三脚床"，方便自己翻身醒来继续读书；他上大学后在宿舍门口贴上"来客接谈十分钟，超过时间恕不奉陪"的标语，以确保自己有足够的时间专注于学习；甚至在乘坐邮轮赴欧洲留学的过程中，他也把自己绑在餐厅柱子上，让自己始终处于一个良好的学习状态。这种孜孜不倦、全身心投入学习的精神让他克服了重重困难：没钱买书，他就抄书；没钱上学，他就勤工俭学；出国留学，交不起学费，他就自学。他一边读书，一边翻译；一边学习语言，一边接触社会，先后考察了日本、德国和英国等国家，开阔了国际视野，积累了丰富的学术经验。

为了掌握科学知识，王亚南不但孜孜不倦地读书学习，而且活到老、学到老。他曾说：知识的获得，绝非朝夕之功，只有日积月累，才能厚积薄发。在担任厦门大学校长期间，他虽然年近半百，但仍然把大部分时间用在读书、写作和研究上。即使在晚年生病卧床时，他也坚持每天读书半小时，以免精神松懈。

王亚南不仅要求自己做到锲而不舍、持之以恒地学习，还经常告诫年轻人要有这样的精神。他认为搞学术不能三心二意，要有坚定的信念和毅力，而且要一辈子坚持下去。正是因为有了这种精神，王亚南才能耗时十年与郭大力共同翻译《资本论》，为马克思主义在中国的传播做出了不可磨灭的贡献。

王亚南的一生充满了对知识的渴望和对学术事业的执着追求。他勤奋好学、锲而不舍的精神将永远激励我们这一代人为实现中华民族伟大复兴的中国梦而努力奋斗。

启迪青少年

王亚南的精神对于我们来说具有特殊的意义。首先，他的博学多才告诉我们，要想在这个时代立足，就必须具备广博的知识和技能。我们应该努力学习各种知识，不断提高自己的综合素质，以适应社会的发展和变化。其次，王亚南勤奋好学的精神教育我们要有持之以恒的学习态度。在这个快节奏的社会中，只有像王亚南一样，始终保持勤奋好学的精神，才能在知识的海洋中畅游，最终实现自己的人生价值。最后，王亚南锲而不舍的精神激励我们在面对困难和挫折时，要有坚定的信念和毅力。在追求学术事业的过程中，王亚南也曾遇到过种种困难和挑战。然而，他始终坚持自己的信念，勇往直前，最终取得了辉煌的成就。这种精神对于我们来说同样具有启示意义，让我们在追求梦想的道路上勇敢地迈出每一步。

107

约翰·梅纳德·凯恩斯：一位勤奋的天才

生平简介

约翰·梅纳德·凯恩斯（John Maynard Keynes），1883年6月5日出生于英国剑桥，是现代经济学最有影响的经济学家之一。20世纪30年代，凯恩斯发起了一场导致经济学研究范式和研究领域根本转变的革命，即凯恩斯革命；20世纪40年代，凯恩斯参与了国际货币基金组织、国际复兴开发银行和关贸总协定（世贸组织前身）等机构的组建工作，是当今世界经济秩序的主要奠基人之一。1998年的美国经济学会年会上，在150名经济学家的投票中，凯恩斯被评为20世纪"最有影响力"的经济学家。

主要理论/贡献

　　凯恩斯一生对经济学做出了极大的贡献。现代经济学始于凯恩斯，他开创了西方宏观经济学的先河，被后人称为"宏观经济学之父"。他的代表作《就业、利息和货币通论》和他的另外两部重要的经济理论著作《论货币改革》《货币论》给他带来了极高且经久不衰的声誉。凯恩斯的经济理论影响了几代人，在如今的经济政策制定中仍然起着举足轻重的作用，并将继续影响未来若干年的经济思想。

109

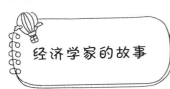

经济学家的故事

　　如果说世界上有天才，英国经济学家凯恩斯大概可以算一个。凯恩斯的一生无论从政、经商、做学者，都可以说达到了登峰造极的程度。就像老师对他的评价那样：凯恩斯无论想做什么都能取得成功。

　　凯恩斯在早期教育中受到的巨大影响来自两个方面：家庭和伊顿公学。家庭的影响当然很重要，童年时代的凯恩斯饱受父辈的熏陶，从小就表现出不可思议的聪慧。此外，由于凯恩斯父亲长期任教于剑桥大学，母亲热心公共事务，因此他们家里经常有各式各样的人讨论各类社会问题。从小便耳濡目染，这渐渐培养了凯恩斯多方面的兴趣，也让他知晓了当时很多的社会问题。这些奠定了凯恩斯日后成为见解精辟、独到的经济思想大师的基础。

当然，凯恩斯拥有不同寻常的才智凭借的不仅仅是上一代的遗传和氛围的熏陶，更重要的是他自身的努力和勤奋。

1897年凯恩斯顺利地考入英国最著名的贵族学校——伊顿公学，开始了他的中学时代。在这里，他非常刻苦地学习，始终保持着每日学习八九个小时的记录，把大部分时间花费在学校图书馆中进行研究，一分一秒都没有浪费。在伊顿公学，他连续两次获得数学大奖，并以数学、历史和英语三项成绩第一毕业。除了学习成绩出彩以外，他还有很多兴趣爱好：在艺术造诣上，他为伊顿文学社写过不少小品、随笔和学术专论，包括《斯图亚特王室的特色》《克隆尼的伯纳德》《东西方的差异》等；他对各种体育运动也有强烈的兴趣，他非常喜爱墙球，而且打得相当出色；他在足球方面的成就也不容小觑，他不仅参加足球比赛，甚至能对比赛的规则出谋划策；他的演讲和论辩才能也常常为人称赞，他在伊顿曾被选进联谊辩论俱乐部，这是每个伊顿公学的学子公认的莫大的光荣。

凯恩斯的指导教师卢伯克先生曾评价他说："他在学习中绝无追名逐利的想法或单纯为分数的动机，对凡是感兴趣的东西，他都抱着真正的兴趣和热情。"

凯恩斯的故事并没有止步于此。他在伊顿公学的学习和锻炼为他未来的发展打下了坚实的基础。凯恩斯毕业后进入剑桥大学继续深造，他在经济学领域的研究成果逐渐为人所知，他的经济学思想对世界产生了深远的影响，将永远被后人铭记。

 启迪青少年

凯恩斯的成功不仅仅是因为他具备了非凡的天赋和智慧，更是因为他将这些优势与坚定的毅力和努力相结合，将自己的兴趣和热情转化为实际行动，积极参加各种活动，展示自己的才华和见解，与他人交流和合作。这种积极主动的态度使他能够在各个领域获得认可和机会。他的故事激励我们不断学习和探索，为自己的目标努力奋斗。

111

肯尼斯·约瑟夫·阿罗：无书不读的经济学家

生平简介

112

　　肯尼斯·约瑟夫·阿罗（Kenneth Joseph Arrow），1921年出生于美国，是著名的经济学家、诺贝尔奖得主、不确定性经济学和信息经济学以及沟通经济学的发展先驱，被认为是新古典经济学的开创者之一，曾与约翰·希克斯共同荣获 1972 年诺贝尔经济学奖。阿罗曾先后在斯坦福大学、哈佛大学任教，曾当选为经济计量学会、管理科学学会、美国经济学会和西部经济学会的会长，1980 年从大学退休后一直在胡佛研究所从事研究工作。他对第二次世界大战后世界经济理论所做的开创性贡献，为后来整个经济学界理论和应用科学的完善和发展奠定了坚实的基础。

主要理论/贡献

阿罗是 20 世纪最伟大的经济理论家、现代经济学理论的奠基人。经济学有两大核心内容即一般均衡理论和社会选择理论,阿罗对这两大理论都做出了根本性的贡献:在一般均衡理论中,阿罗等人推导出了均衡存在的条件,还建立了"福利经济学第一定理"和"福利经济学第二定理",使得一般均衡理论成为现代经济学的支柱;在社会选择理论中,阿罗开创性地运用严格的数学推理研究社会偏好与个人偏好之间的关系,推导出著名的"阿罗不可能定理",揭示出投票选举这一集体决策机制中会遇到的基本难题。这一研究结果为经济学和政治学奠定了科学基础。

113

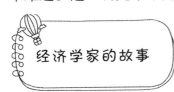

经济学家的故事

阿罗的天才,可从其成长史一窥端倪。阿罗的父亲聪明能干,早年经营事业可以说是一帆风顺,曾经赚到不少钱,足以让少年阿罗衣食无忧,因此阿罗 10 岁之前的生活非常舒适,他的童年和少年时代都是在无忧无虑中度过的。

从阿罗的幼年,就可以看出阿罗是一个爱动脑筋、善于独立思考的孩子。他的求知欲极强，兴趣广泛，而且随着年龄的增长迅速扩展。单从学校和家庭的教育中得到知识，已远远不能满足他的渴求，于是书成了阿罗最要好的朋友，丰富了他的课外生活。在他的孩提时代，每当他犯错时，他的母亲便会惩罚他，把他关在小房子里。这种惩罚方式反而给小阿罗创造了一个极好的机会：每次受惩罚他都会带着厚厚的一摞书开心地去小房间里，无论他在里面待多久，脸上似乎都毫无恨意和倦意。这常常让他的母亲哭笑不得。除此之外，在学校里阿罗对各门功课都很喜欢，最使他着迷的是数学，在这方面，阿罗显露出超过同龄孩子的才能。在班里，他的数学成绩一直名列前茅。对他来说，做数学题也是一种游戏。他能从看起来枯燥无味的数学运算和推理中得到极大的乐趣。正是这一爱好，培养了阿罗的思维能力，也给他以后所从事的研究工作打下了良好的基础。

整体来说，阿罗在小学及中学的发展是极其顺利的。

然而，后来大萧条时期阿罗父亲的事业一败涂地，大概有十年的光景，阿罗也遭遇了家庭拮据，甚至到了一贫如洗的地步。

到了大学，由于家境贫寒，阿罗也只能选择不收学费的纽约市立学院就读——这所学校自 1847 年以来就受纽约市政府补助而不收学杂费。迫于经济压力而不得不来此就读的优秀学生，可以说比比皆是。这里的学生的平均素质相当高，老师们也特别优秀。在这里阿罗每天都刻苦学习，除了专业规定的课程以外，因为担心失业，阿罗还选修了一些较实用的课程，例如高中教学、保险精算以及统计学等作为辅修的学科，这个经历为他以后个人的职业发展奠定了基础。

1940 年阿罗大学毕业，在经历家庭贫困和艰辛求学之后，他通过自己的努力和才华，受到老师霍泰林的赏识，并在他的建议下走上了经济学的研究道路，取得了卓越的成绩，成为经济学界的翘楚。

 启迪青少年

115

阿罗从小就表现出对知识的渴求和思考的热情，这为他日后的学习和研究奠定了良好的基础。他在经历家庭贫困时没有放弃，而是通过辅修实用学科来提升自己的就业竞争力。这种勇于探索和不断学习的态度让他在求学路上一帆风顺。最终，阿罗凭借才华和努力，在经济学领域取得了巨大的成就。他的故事提醒我们要珍惜学习的机会，勇于追求自己的兴趣，培养良好的思考能力，并保持对知识的持续探索。只有通过不断的学习和努力，我们才能实现自己的梦想，创造更好的未来。无论遇到什么困境，我们都要坚持下去，相信自己的能力，相信辛勤付出最终会换来收获。

勇敢篇

　　走进挂着"勇敢"门牌的房间，小明见到了李贽、颜元、薛暮桥、陈志武、詹姆斯·托宾、本·S. 伯南克等几位中外经济学家，他自然没有忘记向他们述说自己心中的疑惑。

为什么要面对困难和挑战，而不是选择逃避或者放弃？ 小明

李贽 逃避或放弃困难可能会让你失去一些宝贵的机会，而勇敢面对困难可能会带来更大的收获和成就。这也体现了经济学中所讲的风险与回报的关系。

119

我觉得成长中的困境和挑战很痛苦，为什么我还要去经历这些？ 小明

颜元 成长中的困境和挑战确实会让人感到痛苦，但正是因为克服了这些困难，我们才得以不断成长和进步。

我害怕失败，为什么失败对我来说那么可怕？

小明

薛暮桥

害怕失败是很正常的，但我们需要明白失败并不意味着结束，而是一个学习和成长的机会。

120

为什么有些人看起来比我更勇敢，他们是怎么做到的？

小明

陈志武

勇敢并不是天生的，而是通过不断的锻炼养成的。

为什么有时候我感觉缺乏勇气去尝试新的事物或者挑战自己？

小明

詹姆斯·托宾

可以尝试逐渐扩大自己的舒适区，从小事做起，就会逐渐习惯面对新的挑战和不确定性。

121

我觉得周围的人对我的期望很高，这给我带来了很大压力，怎样才能保持勇气面对这种压力？

小明

本·S.伯南克

他人的高期望确实会给人带来压力，这就需要保持自己的独立性和勇气。

经济学家们 你不妨看看我们的人生经历和故事吧！加油！

李贽：超越传统认知，打破僵化思维

生平简介

李贽，福建泉州人，明代思想家、文学家、经济学家，泰州学派的一代宗师。他在社会价值导向方面，批判重农抑商，扬商贾功绩，倡导功利价值，符合明朝中后期资本主义萌芽的发展要求。

123

主要理论/贡献

李贽一生坚决反对虚伪的道学，不信道教、佛教，所以对道士、僧人和道学家都极为反感。他反对各种伪善行为，根本原因在于他极度推崇"童心"。"童心说"是李贽思想的核心，是他立论和判断的基础，也是他经济伦理思想和治理策论的理论基础和逻辑起点。

李贽基于"人必有私"的自然人性观点，认为满足物质欲望和追求物质利益是合理的，他强调道义与利益相辅相成，批评重农抑商，肯定商人的贡献，倡导功利价值，这明显体现了他经济伦理思想的时代特征和启蒙色彩。正因为如此，李贽主张发展商业富民，提倡倾听民意、适应商品经济发展的"至人之治"，既继承了儒家的民本思想，又突破了传统的富民思想。

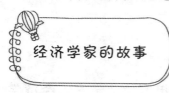

经济学家的故事

124

李贽年轻时便性格刚烈，有自己独立的思想。李贽有着关于"读书未必识字"的独到见解。隆庆六年（1572年），李贽赴任南京刑部主事，并开始聚友讲学。在一次讲学活动中，一位同僚提出异议，对他说："在座的各位都是读书人，都经过科班考试，哪有不明白义理的，怎么用得着听你讲解！"李贽哈哈大笑，说："不错，诸君都通过科举选拔走上仕途，哪有不读书的！不过读书未必识字，所以需要给诸君讲解一下。"同僚们听了，都很纳闷：哪有读书却不识字的道理？看到大家疑惑不解，李贽接着说："《论语》《大学》诸君肯定都读过。但是《论语》开卷便是一个'学'字，《大学》开头两个字便是'大学'。这三个字，我敢说诸君未必认识。为什么呢？因为这要用事实来验证。倘若真的认识《论语》中的'学'字，日常便能做到和悦、快乐、不恼怒；倘若真的认识'大学'二字，便能做到遇事泰然、冷静。这些，诸君能做到吗？如果做不到，怎么能说自己认识这些字呢？所以我说'读书未必识字'。诸君说对吗？"同僚们听了，顿时无言以对，更是口服心服。

一次，李贽来到北方时遭遇了断粮的困境。天寒地冻，狂暴的雨雪接连下了三天。整整七天，他没有任何食物，饥饿和寒冷折磨着他。在茫茫风雪中，他终于找到了一户人家，主人给他煮了一锅饭。李贽饿极了，大口吃起来。直到吃完，他才想起来问主人："这是稻米吗？怎么北方也有这么好吃的稻米？"主人笑着回答："不，这是我们北方人吃的黍子，与你们南方的稻米差不多。你之所以觉得今天的黍子好吃，是因为太过饥饿了，吃的时候也不去想这是南方的稻米还是北方的黍子了。"李贽听了，慨然而叹："我今后对学问的追求，也会像今天不辨是稻粱还是黍稷一样，不会再管是孔学还是老学了！"通过这件事，李贽悟出一个朴素的道理：南方人喜欢吃稻米，北方人喜欢吃黍子。但南方人到了北方，或者北方人到了南方，彼此又能适应对方的饮食。这是因为不论是吃稻米还是黍子，都是为了填饱肚子，对人们来说都是一样的。学问有孔、老之分，稻黍有南、北之别。但在饥饿的时候人们不会区分是稻粱还是黍稷，那么追求学问也不必局限于

125

是孔学还是老学。只要能寻求真理，何必拘泥于某一种学说的窠臼？何必非要标榜自己是儒家或是其他的什么家？

有了这次经历，李贽更加坚定了自己的信念。他要打破所谓正统与异端的界限，摆脱独尊儒术的传统文化的束缚。

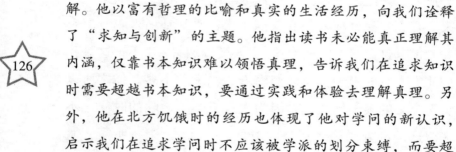

启迪青少年

126

这个故事中，李贽表现出了对知识和学问的独特见解。他以富有哲理的比喻和真实的生活经历，向我们诠释了"求知与创新"的主题。他指出读书未必能真正理解其内涵，仅靠书本知识难以领悟真理，告诉我们在追求知识时需要超越书本知识，要通过实践和体验去理解真理。另外，他在北方饥饿时的经历也体现了他对学问的新认识，启示我们在追求学问时不应该被学派的划分束缚，而要超越传统文化和学说的限制，以开放的心态去寻求真理。

颜元：纠正程朱错误，回归先师正统

生平简介

颜元是中国明末清初的启蒙思想家、教育家和养生家，同时也是颜李学派的创始人。颜元年轻时学医，热衷于阅读兵书，并学习剑术。他主持河北肥乡漳南学院，建立了规范制度，设立了文事、武备、经史、艺能等科目。在学术上，他与门生李塨一起注重实学，强调"习行""习动""践形"，反对死读书。颜元于1704年去世。

主要理论/贡献

颜元认为教育与生产的发展有着密切的关系。"教"是指教育，"养"是指经济的发展。"教"可以推动生产以济"养"，即教育可以促进生产和经济的发展；而"养"又可以在生产劳动中来行"教"，即经济又是推行教育的条件。他认为要进行教育首先是要有一定的经济基础，只有在达到一定的经济条件之后，才会出现学校教育，因为社会经济为教育提供一定的人力、物力、财力，而教育要发展也必然以经济的发展为基础。

在强调教育作用的基础上，颜元进一步提出教育的目的是培养"为天地造实绩"的人才，而为学的最终目的，是使学者担当起"经世致用""利济苍生"的责任。他明确指出教育的目的是为社会的政治、经济服务的，教育既要培养为统治阶级服务的人，也要培养为社会经济发展服务的人。

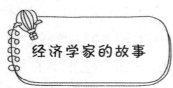

经济学家的故事

颜元的父亲幼年时被蠡县刘村的朱九祚收为养子，改姓朱。明崇祯八年（1635 年），颜元在蠡县刘村出生，取名朱邦良，乳名园儿。颜元的父亲经常受到朱家的虐待和歧视，颜元四岁时，父亲随清军逃往关外，从此音信杳无。颜元的养祖父想为他买一个秀才头衔，但颜元不同意，他说："宁愿成为真正的白丁，也不愿做假的秀才。"后来，十九岁时，颜元考中了秀才。

颜元二十岁时，因朱家卷入一起官司，家境一落千丈，颜元承担起全家的生计重担。他从劳作中体会到了强健身体所带来的快乐。随后，他接触到了《资治通鉴》，身处明亡清兴的时代，明白了古今兴替的道理，于是决定不再追求功名，而是立志成为圣贤。从此，他广泛涉猎各种知识，确立了人生的目标。二十五岁时，颜元得到了《性理大全》这本书，如获至宝。通过阅读，他了解了程朱理学的宗旨，于是按照理学的教导，坚持"主敬"和诚实。他还在家中设立了"道统龛"，供奉伏羲、周公、孔子等人。周围的人嘲笑他，但颜元毫不在意，一本正经、无比真诚地向他心中的圣人祭拜。

之后，他的养祖母刘氏病逝，他感谢养祖母的恩情，悲痛不已。由于父亲不在，颜元以孙子的身份承担了重任。他三天不吃东西，每天都祭奠养祖母。养祖母下葬后，他仍然每天哭祭，悲伤至极，甚至生了重病。一个老人非常同情他，告诉他父亲和颜元自己的身世。于是他去找到改嫁的母亲，确认了这一事实，他的悲伤情绪才有所缓解。

颜元在居丧期间严格遵守朱子的《家礼》，不敢越雷池一步。从死亡的边缘爬回来后，他开始反思其中许多违背常理的地方。他翻阅《仪礼》进行对照，发现朱子的《家礼》有许多删减和篡改。于是，他开始全面清算程朱理学，意识到程朱陆王的学说被禅学和俗学所染，不是正道。他确立了"思不如学，学必以习"的学术思想。他认为孟子以后的儒家思想都是妄言，都背离了孔孟的本意。他将书房的名字从"思古斋"改为"习斋"，因此人们称他为"习斋先生"。

从那时起，颜元广收弟子，以复兴孔孟本来的思想为己任，让儒家思想回到了古老的轨道上。他写诗勉励自己："千年绝业往追寻，才把功夫认较真，吾好且须从学习，光阴莫卖与他人。"

 启迪青少年

颜元从小就经历了家庭的不幸和困境，但他并没有因此动摇追求知识和追求真理的决心。相反，他在艰难的环境下坚持学习，通过广泛涉猎各种知识，确立了自己的人生目标。颜元的故事告诉我们，无论身处何种困境，求知和创新都是我们应该坚持的追求。他不满足于功名利禄，而是立志成为圣贤，追求真理和道德的高度。他的故事也提醒我们，时间是宝贵的，我们应该珍惜每一分每一秒，不浪费光阴。我们应该积极主动地学习和求知，不断提升自己的能力和素养，为实现自己的人生目标而努力奋斗。

薛暮桥：命运中的两所"大学"

生平简介

薛暮桥（1904—2005）系江苏无锡人。他 1927 年加入中国共产党，是当代中国杰出经济学家、首届中国经济学奖获得者，被誉为"市场经济拓荒者"，亲身参与中国两个经济体制建设，是新中国第一代社会主义经济学家和高级经济官员之一。1949 年以后，薛暮桥历任国家统计局局长、国家计委副主任、全国物价委员会主任、国务院经济研究中心总干事、中国科学院哲学社会科学学部委员。主要著作有：《中国社会主义经济问题研究》《论中国经济体制改革》《中国农村经济常识》等。

主要理论/贡献

薛暮桥的主要贡献在于曾亲身参与中国最重要的两个

经济体制建设阶段的设计，探索经济体制改革，提出了财税、金融、价格、外贸以及国有企业等体制改革的方案。他还在《中国社会主义经济问题研究》一书中总结了新中国经济建设历程，倡导和积极推动了经济体制的市场取向改革。他提出了在以社会主义公有制为主体的基础上建设多种经济成分并存的社会主义经济，为我们留下了宝贵的财富，为中国的经济改革指明了方向。

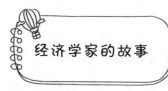

经济学家的故事

132

　　1904年薛暮桥出生在江苏省一个破落地主家庭。因家境衰败，薛暮桥便辍学到杭州铁路车站当实习生，学习会计。铁路的工作让他结识了大量工人。目睹军阀暴行，年轻的薛暮桥开始探索革命道路并加入中国共产党，在杭州参与领导铁路工人运动。四一二反革命政变后，他在杭州被捕入狱。

　　当时与薛老同一个监狱的有中共浙江省委书记张秋人同志。张秋人在狱中每天要读五六个小时的书；到了晚上，他便会为难友们讲中外革命历史。有一天他读完书，不耐烦地说："怎么还不枪毙？"薛老很惊讶地问："你既然知道自己必死，为什么每天还要认真读书？"张秋人同志答："共产党人活一天就要做一天革命工作。在牢中不能做革命工作，就要天天读书。读书就是为着革命。"薛暮桥深为震撼。他明白了即使被困在牢狱之中，革命精神和火种也不会熄灭。他从此将这一教诲始终铭记在心，踏上了永不止息的学习和研究之路。

往后的日子里，每天清晨，他都会走到窗前，借着一缕微弱的阳光读书。到了晚上，他便借着昏暗的灯光学习。那时这个监狱共关押着三百多名政治犯，他们大多是知识分子。由于狱卒管理得并不太严，他们从狱外弄来了很多进步书籍，相互交换传阅。三年的监狱生活中，薛暮桥学习了世界语、世界通史，还读了很多西方和苏联学者的政治经济学著作。除此之外他还阅读了英文本的法国《人权宣言》、美国的《独立宣言》、美国宪法，了解了各国的政治制度，这些读书的经历为他日后成为"中国经济学界的泰斗"打下了坚实的基础。

"文化大革命"时期，薛暮桥在牛棚中取得了他一生中最大的的成就：完成《中国社会主义经济问题研究》初稿。出狱以后他又反复改写多次，最终完成了这部系统总结新中国成立后二十多年经济工作的经验教训的佳作。这本书一出版就引起巨大反响，并译成多种文字在国外出版。

薛暮桥将一生都奉献给了中国经济的研究和发展。1984 年，在"祝贺薛暮桥同志从事经济理论和实践工作 50 年茶话会"上，薛老调侃自己说：他只有两次读书的机会，或者说在两所大学——"牢监大学"和"牛棚大学"读过书。

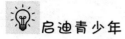 **启迪青少年**

　　薛暮桥在监狱中依然心无旁骛地读书充实自己；在"牛棚"里仍然保持乐观和超然的态度，撰写《中国社会主义经济问题研究》初稿。他乐观积极、坚韧不拔的精神，以及永不止步的学习态度都值得我们学习和效仿。同时这也告诉我们坚定的信念能够支撑一个人走过困难，在困境中也能够创造价值。

陈志武：耶鲁教授的成长之路

生平简介

陈志武，1962 年 7 月出生于湖南，著名经济学家，曾获得过墨顿·米勒奖学金。1986 年，陈志武获国防科技大学硕士学位，1990 年获美国耶鲁大学金融学博士学位，1999 年转任耶鲁大学金融学教授。他曾任清华大学经济管理学院特聘教授、北京大学经济学院特聘教授，现任香港大学香港人文社会研究所所长、香港大学经管学院金融学讲座教授。他的研究领域主要涵盖金融学理论、金融社会学、经济史、量化历史、新兴市场、中国经济和资本市场等。

135

主要理论/贡献

陈志武教授是金融经济学、财务学理论、证券定价、新兴资本市场以及中国经济和资本市场方面的专家。他在大量一流财经类学刊发表研究论文，涉及从股票定价和期权定价理论到有关外汇、资本市场发展、基金管理和投资战略的研究。最近几年，陈志武教授的研究主要集中在中国转型过程中的市场发展和制度机制建立的问题以及其他新兴资本市场问题。在美国经济学界，他被认为是金融学和金融资产定价领域有一定影响力的学者之一。

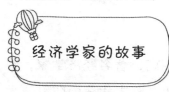

经济学家的故事

出生在湖南茶陵乡下的陈志武，父母都是农民，而他自己在 1978 年暑假之前，连县城都没有去过。他的整个启蒙阶段都在"文化大革命"期间，没好好上过课。陈志武教授曾回忆说："小时候老师都是本村本镇的，没有人上过大学，给不了启发性教育，就是按教科书很枯燥地讲。"他还说："我从小基本上是自己管自己。如果父母懂文化，按传统的方式管我，或许我就不会是今天的我了。"

直到 1979 年考上中南矿冶学院，陈志武才第一次离开茶陵县老家，来到大城市——长沙。那时他们班上有很多来自城市的同学，"和他们一比，才知道生活条件、父母、家庭带给他们的影响和自己存在比较大的差距。"不过这些差距并没有让陈志武灰心丧气，他反而更加努力，继续坚定地走自己的路，探索自己喜欢的方向。在这个过程中读书和挚友改变了他的一生：在学校的时候他经常去图书馆借书看，在他借阅过的众多书籍中，对他影响最大的是弗里德曼的《自由选择》；除此之外他也广泛交友，结识了影响他走上学术之路的挚友崔之元。

20 世纪 80 年代中期，陈志武开始尝试申请出国留学，并在好友崔之元的建议下选择了金融学。一封来自耶鲁的录取通知书彻底改变了他的命运，之后，陈志武带着几十美元登上了去美国的飞机。这是他人生中的一次重要转折点，也是他向梦想迈进的一大步。在耶鲁大学的校园里，他眼界得到了极大拓宽，取得了优异的成绩。最终他走上了耶鲁的讲台。

137

回顾自己的成长之路，陈志武认为他能够在耶鲁大学获得一席之地，主要得益于坚持做自己喜欢的事。在学术研究特别是社会科学研究方面"没有什么理论是不能被挑战、不能问一个为什么的"。靠着这样的信念，陈志武在人生的路上走过了一程又一程，一步步迈向自己的目标。

启迪青少年

陈志武教授从茶陵乡下走向耶鲁讲台的故事给了我们很多启示：首先，即使出身平凡，即使没有得到好的教育，也可以通过自己努力学习和自我成长来取得成功。其次，要坚持做自己喜欢的事情，并不断学习、探索自己感兴趣的领域。此外，在学术研究中，应持有批判的态度，不断挑战已有的理论，勇于提出问题和寻求答案。最后，应努力为自己的目标奋斗，并不断迈向成功。

詹姆斯·托宾：能文能武的经济学家

生平简介

詹姆斯·托宾（James Tobin），1918 年出生于美国伊利诺伊州的香槟。他是美国著名经济学家，凯恩斯主义主要代表人物之一，资产组合选择的开创者。1947 年托宾取得哈佛大学博士学位，1950 年之后则一直在耶鲁大学从事教学和研究工作。1961 年托宾曾任美国肯尼迪总统的经济顾问，还曾当选美国经济计量学会副会长、会长，美国经济学会副会长。1981 年托宾获得诺贝尔经济学奖。

139

主要理论/贡献

托宾的贡献涵盖经济研究的多个领域，在诸如经济计量方法，严格数学化的风险理论，家庭和 C 企业行为理论，一般宏观理论，经济政策应用分析，投资决策，生产、就业和物价关系理论等方面，均做出了突出贡献。他早期的研究为凯恩斯主义的整体经济学说提供了理论基础，并最终发展为当代的投资组合选择和资产定价理论。"不要把你所有的鸡蛋放在同一个篮子里"这一经典语录就出自托宾，除此之外，以托宾的名字命名的经济学名词还有"托宾的Q值""托宾税""蒙代尔-托宾效应""托宾分析"四个，称得上是经济学界的奇迹。

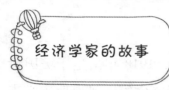

经济学家的故事

　　1918年，托宾出生于美国伊利诺伊州的一个大学城里。他的同窗好友大多是大学教授或员工的子弟，这样的环境一直以来都对托宾有着深刻的影响，他从小就显示出了非凡的才能，成绩优秀，每次考试都能轻松拿到A。那时候托宾有很多爱好：他很喜欢新闻记者的工作——那也是他父亲的职业，所以他从6岁开始，就自行编制报纸；他对法律也非常感兴趣，经常与人争辩讨论；在十几岁的时候，他对政治产生了浓厚的兴趣。不过，他从未想过自己会成为一名经济学家。

　　然而，一次偶然的机会改变了托宾的未来。在他17岁的时候，他父亲在经常去的图书馆偶然发现了哈佛大学在伊利诺伊州有两个新生奖学金名额。托宾的父亲立刻就回家把这个消息告诉了托宾，并建议他争取这个奖学金，很快托宾便顺利通过考试。就这样，托宾放弃离家较近的伊利诺伊大学，前往哈佛大学这座当时北美最知名的经济学殿堂，开启了他的经济学研究之旅。

在哈佛大学，托宾展现出了惊人的学习能力和对经济学的独到见解。四年后，托宾在哈佛大学获得了经济学学士学位，1940年又获得了哈佛大学的硕士学位。他在拿到哈佛大学的经济学硕士学位后一年即1941年便加入了美国的海军陆战队。当时托宾在哥伦比亚大学接受了90天的军训，之后就成为驱逐舰凯尼尔号上的一名战斗指挥官，带领舰队到过大西洋和地中海，参加了攻占北非、法国南部和意大利的战役。他的勇敢和智慧使他在战场上屡建奇功，4年后，托宾以海军上尉的身份光荣退役。

141

战后，这位投笔从戎的老兵又回到了哈佛大学，继续攻读博士学位。令人惊讶的是，他仅仅用了一年的时间就完成了博士学位的学习。1950年之后他就一直在耶鲁大学任教，其间取得成果无数。他陆续被锡拉丘兹大学、伊利诺伊大学、达特茅斯学院、斯沃恩莫尔学院授予法学名誉博士，被新里斯本大学授予经济学名誉博士，并先后在美国经济学会、美国科学院、美国经济科学部任要职，为经济学发展做出了巨大贡献。

托宾的一生充满了传奇色彩，无论是在战场上还是学术领域，托宾都展现出了卓越的才华和决心，为我们树立了榜样。

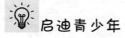 启迪青少年

　　托宾既是一位杰出的经济学家，又是一位优秀的军事将领。他不仅在学术界取得了卓越成就，获得了诺贝尔经济学奖，还展现了卓越的指挥和领导能力。他的成功表明人们具备多重才能和能力，一个人不应该局限于某个领域，而应该在多个领域中发挥自己的潜力。我们应像托宾一样勇于挑战和突破自己，敢于跨越自己的舒适区，挑战自己的能力和潜力，成为更好的自己。

本·S.伯南克：天才经济学家的非凡成长之路

生平简介

143

　　本·S.伯南克（Ben S. Bernanke），系著名经济学家，美国联邦储备委员会前主席。1953年12月13日伯南克出生于美国，1975年获得哈佛大学文学学士学位，1979年获得麻省理工学院博士学位。伯南克在普林斯顿大学任教17年，曾担任经济学系主任。从1987年起伯南克成为美联储访问学者，2002年被布什任命为美联储理事。2005年6月，伯南克担任总统经济顾问委员会主席。2006年2月1日伯南克接任格林斯潘出任美联储主席，2014年2月1日卸任。2022年10月10日，伯南克、道格拉斯·戴蒙德和菲利普·迪布维格荣获2022年诺贝尔经济学奖。作为美联储主席，伯南克对成功化解2008年的金融危机功不可没。

主要理论/贡献

伯南克最重要的贡献在于：2006—2014 年任美联储主席期间，首次在美联储实施接近零基准利率，成功带领美国度过大萧条以来最恶劣的经济危机，因此荣登美国《时代》周刊 2009 年度人物，并被公认为"大萧条的权威专家"。除此之外，伯南克的主要理论贡献有：①发现经济危机的非货币传导机制，给予"大萧条"新的解释；②创建适用于危机应对的货币政策哲学；③引入信用市场摩擦理论，修正经济周期理论的底层逻辑与标准模型；④完成货币理论"信贷观"的塑造，弥补传统货币理论的不足；⑤致力于交易成本的识别与量化研究，为直接解释现实世界提供有力的验证工具。

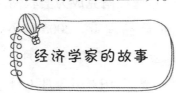

经济学家的故事

伯南克出生于美国南卡罗来纳州狄龙村的一个普通家庭，从小在这样一个充满爱与关怀的环境中成长。他的父亲菲利普是一名职业药剂师，母亲则是一位教师。在这样的家庭氛围中，伯南克逐渐培养出了对知识的渴望和对事业的执着追求。

在伯南克的成长过程中，外公哈罗德·弗里德曼的影响尤为深远。弗里德曼是一名犹太律法的职业朗诵者，他经常带着伯南克参加当地的犹太会堂的礼拜活动，让伯南克从小就沐浴在虔诚的犹太信仰之中。除了宗教信仰，外公还教会了伯南克许多才艺，如希伯来文、国际象棋和萨克斯等。这些才艺的学习让伯南克的聪明才智得到了更好的发挥。

在孩提时代，伯南克就已经展现出了超乎寻常的智慧和才能。两岁时，他就喜欢玩数字游戏，甚至能在村子里与别人进行硬币游戏。三岁时，他对两位数的加减法已经烂熟于心。进入小学六年级时，他赢得了南卡罗来纳州拼字比赛冠军，并在加州 SAT 考试中取得了年度最高分。这些成绩让他顺利考入了哈佛大学，并且获得了美国高中毕业生的最高荣誉"美国优秀学生奖学金"。

145

然而，伯南克并非一个"书呆子"，他热衷于参加社会活动，关注种族问题。当时南卡罗来纳州的种族关系非常紧张，还是高中生的伯南克深入到不同人群进行调查，还在此基础上创作了一部关于种族和谐的小说。除此之外，他还在所读学校发起成立了讨论种族问题的青年沙龙，并组织了一系列以"种族矛盾"为主题的辩论赛。为了调动同学们的积极性，伯南克甚至自掏腰包给获奖者购买和派发小奖品。

正是伯南克在成长过程中对不同事物的不断尝试，为其以后成为一名经济学家和政策制定者打下了坚实的基础。

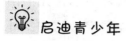 启迪青少年

伯南克从小就表现出了对知识的渴望，还在家庭和外公的影响下，培养了对多种才艺的兴趣，如希伯来文、国际象棋和萨克斯等，最终通过自己的努力和才智取得了优异的成绩，从一个普通家庭走向了学术界的巅峰，成为一位著名的经济学家。他的故事告诉我们：不断学习和追求知识、追求梦想，并为之付出努力，就有可能实现自己的成功，成为更好的自己。除此之外，伯南克关注社会问题，并积极参加社会活动，特别是化解种族问题。他通过调查、创作小说和组织辩论赛等方式，为种族和谐做出了积极的努力。他这种强烈的社会责任感也告诉我们应该关心社会问题，积极参加社会活动，为社会进步做出贡献。

与时俱进篇

　　走进挂着"与时俱进"门牌的房间，小明见到了黄达、弗朗索瓦·魁奈、欧文·费雪、赫伯特·亚历山大·西蒙、保罗·R.克鲁格曼这几位中外经济学家，他向他们道出了自己心中剩下的所有疑惑。

为什么要与时俱进？ 小明

黄达 与时俱进是非常重要的，因为社会和经济环境都在不断变化。

149

现在的世界变化太快了，我觉得我都快跟不上了，我该怎么办？ 小明

弗朗索瓦·魁奈 要跟上变化，可以尝试不断学习新知识和技能，保持开放的心态，适应变化并寻找新的机会。

我觉得社会的价值观和观念在不断变化，我应该如何调整自己的人生目标和规划？ 小明

欧文·费雪 可以尝试了解当前社会的趋势和需求，找到自己与社会变化之间的平衡点。

150

我不确定自己应该学习哪些技能，因为不知道未来会是什么样子，怎样才能做出正确的选择？ 小明

赫伯特·亚历
山大·西蒙

可以尝试培养具有持久性
和通用性的技能，比如沟
通能力、解决问题的能力
和创新能力。

为什么要学习新的技能和知识？
我觉得现在的技能和知识可能很
快就会过时。

小明

保罗·R.
克鲁格曼

学习新的技能和知识可以增强
你的竞争力，帮助你适应未来
的变化。虽然某些技能可能会
过时，但培养学习能力和适应
能力是非常重要的。

经济学家们 你不妨看看我们的人生经历和故事吧！加油！

黄达：永远奋斗在时代的前沿

生平简介

黄达，1925 年 2 月 22 日生于天津。他是我国著名的经济学家、教育家，中国人民大学荣誉一级教授、博士生导师。1983 年起黄达任中国人民大学副校长，1988 年任首任中国人民大学经济学院院长，1991 年 11 月至 1994 年 6 月任中国人民大学校长，同年开始享受政府特殊津贴，之后任中国人民大学校务委员会名誉主任、教育部人文社会科学研究专家咨询委员会主任委员、中国金融学会名誉会长、中国企业联合会副会长。2011 年 6 月 1 日黄达获首届中国金融学科终身成就奖。

153

主要理论/贡献

黄达教授从 1950 年起就开始讲授货币银行学及有关课

程。在研究课题上，除了货币银行理论外，还扩展到物价、财政及综合平衡等问题。他的论著曾两度获得孙冶方经济科学奖，多次获得优秀科研成果奖。

除此之外，黄达将大部分精力都放在了教学研究上。即使在改革开放不久他担任中国人民大学副校长、校长等行政职务以后，也没有中断过教学。直到 20 世纪八九十年代，他都把"不脱离教学第一线"作为自己必须遵守的准则。他在中国金融教育乃至财经教育领域所做的贡献令人仰止，新中国成立后每一次金融教材的编写，都有黄达的贡献。

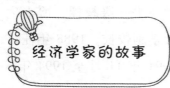

经济学家的故事

中国金融学奠基人黄达先生并没有什么很华丽的家庭背景。据说黄达先生原本想考大学，做个像他父亲那样的工程师，可一场伤寒让他的理想破灭。他竟成了一个高中没毕业的辍学生。辍学后他先后在旧政府机关当过小职员，在私人照相馆当过帮工，直到抗日战争胜利后的 1946年春，才考入了华北联合大学政治学院财经系，并且在年底就"晋级"成为政治学院的研究生。1947 年，刚刚"晋级"为研究生，22 岁的他又被再次"晋级"为校部行政干事，先后担任了班主任、区队助理等职务。

　　黄达仅用两年时间就完成了研究生学业，22 岁就开始"人大"教员生涯。黄达先生的传奇故事远不止于此。

　　在生活中，黄达先生多才多艺。他的书法造诣颇高，有一手拿得出的漂亮字。中国人民大学图书馆楼前的太湖石上"业精于勤"四个大字就是他写的。他还会画画，早年间黄达先生的妻子看到同事穿了双广州产的漂亮凉鞋，他照着"刷刷"几笔就画出来，画得极像。黄达先生就是这样，不仅有天赋、特别聪明，还肯下功夫钻研，只要他想做的事，就一定能做成；只要是新奇有趣的事，他都愿意尝试。所以他 70 岁开始学习用电脑写作，从此后所有文稿都是电子版的。即使住进养老院后，他依然坚持每天坐在电脑前编写文章和整理文稿。年逾九旬时，他依然能够一口气背诵完整篇《阿房宫赋》《滕王阁序》。他一直使用微信与外界保持联系，了解各种资讯。直到生命的最后时刻，他依然清醒地思考着。

　　在教学和科研上，黄达先生更是走在经济学教学和研究的前沿。20 世纪 50 年代，随着我国俄语热的兴起，零基础的黄达先生也开始学起了俄语，而且仅学了 3 个月的时间，他便翻译出了中国第一本金融教科书。1957 年，黄达先生主持编写的《资本主义国家的货币流通与信用》由中国人民大学出版社正式出版发行，这也是新中国成立后由中国人自己编写的第一本金融学教材。1950 年他留校任教，开始讲授货币银行学，从此将自己的一生都奉献给了这门课程。在过去的60年里，黄达先生不断更新教材，提高教学质量，培养了一代又一代的学生。他的教学成果得到了广泛的认可，他被誉为"中国货币银行学的奠基人"。

可以说，无论是学术上还是生活中，黄达先生都是践行"永远奋斗在时代的前沿"最为生动的范例。

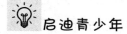 启迪青少年

如今，黄达先生的贡献已经深入人心，他的著作和教诲继续激励着一代又一代的中国金融学者和学生。在他的影响下，中国金融学科取得了举世瞩目的成就，为国家的发展和人民的幸福做出了巨大贡献。我们要学习黄达先生严谨的治学态度，学习黄达先生永远走在时代最前沿的精神，学习黄达先生的家国情怀。我们应该以他为榜样，树立正确的价值观，关注国家和民族的命运，努力提高自己的本领，坚持终身学习，始终保持对新鲜事物的好奇心，培养自己多方面的兴趣和爱好，不断适应变化的时代，为实现中华民族伟大复兴的中国梦贡献自己的力量。

弗朗索瓦·魁奈：正确认识金钱

生平简介

弗朗索瓦·魁奈（Francois Quesnay）是一位法国经济学家，他是重农主义学派的领袖，也是政治经济学体系的先驱。魁奈于 1694 年 6 月 4 日出生在巴黎的梅里村，他的父亲尼古拉·魁奈是一名律师。他早年从事医学工作，后来在担任路易十五宫廷的御医期间开始研究经济学。同当时很多经济学家经常交流，如米拉波侯爵、里维埃尔的迈尔西埃、杜邦·德·奈穆尔、勃多、杜尔哥等，他们后来结成了经济学说史上有名的重农主义学派。1758 年，魁奈完成了著名的《经济表》。

157

主要理论/贡献

根据魁奈的财富观，财富并非来自流通，而是由人类的生产创造出来的。只有农业生产才能产生新的财富，商业贸易和其他职业的劳动虽然有用，但并不能创造财富，因为它们并非生产性劳动。在魁奈看来，商业劳动只是财富交换的媒介，本身并不创造财富。同样地，工业劳动也不能增加财富，因为它只是将各种现成的原料和非原料进行整合和加工，无法为自然物质添增任何新的价值。魁奈将农业每年生产的农产品中扣除了生产过程中消耗的生产资料和农业生产者自身的生活资料后所得的剩余农产品称为"纯产品"。只有"纯产品"增加，国家的财富才能真正增加。农业能够生产"纯产品"，是因为大自然参与了生产，且不需要任何补偿，这与工业等领域需要补偿生产中的消耗不同。因此，"纯产品"的增加代表着国民财富的增加，可视为"自然的恩赐"。

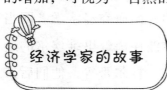
经济学家的故事

16、17世纪的欧洲，漫长的中世纪已经结束，文艺复兴让人们觉醒，束缚人们思想自由发展的烦琐哲学和神学的教条逐步被摧毁。封建社会开始解体，代之而起的是资本主义社会，生产力大大解放。但当时的人们特别是一些贵族，还保留着很多不恰当的思想：不重视生产和社会交往，认为金钱是可鄙的东西，不注重实际财富的创造和积累。而作为经济学家的魁奈为了纠正这一观念，他假借梦中的故事表达了他对金钱和财富积累的看法。

　　一天，御医魁奈大夫给蓬帕杜夫人的贴身侍女迪奥塞夫人讲了个故事。他说："我昨晚做了个怪梦，梦见我身处古日耳曼人的国家，漫游在异域之中。一个巫士走到我面前，对我说：'我知道你的困境，这是一小包粉，叫普里兰班班粉。不论何人，只要你给他一点这个粉，他就会为你提供食宿，给予各种礼遇。'我接过他的粉，对他表示了深深的感谢。"

　　迪奥塞夫人兴致勃勃地说："我也很喜欢普里兰班班粉。真希望我能拥有一柜子的这种粉末。"魁奈大夫笑着说："这种粉其实就是你所鄙视的金钱。世间万事万物都包含在这些小小的钱币中。谁拥有这种粉末，所有的人都会听从他的话，争先恐后地为他服务。"

　　这时，一位圣灵骑士团成员从窗口经过，迪奥塞夫人说："这位绅士对他佩戴的蓝色绶带看得比你那成千上万的金币更加珍重。"

　　魁奈继续说："那个人向国王要那条漂亮的绶带，实际上他的心里想的是，我喜欢虚荣，走路时希望大家都傻傻地看着我，称赞我，为我让路。我喜欢别人称呼我为'老爷'。这些都是虚无的吧？在几乎所有的国家，这条绶带对他来说毫无用处。而我的金钱无论身处何地，都能帮助我为不幸的人提供援助。普里兰班班粉万岁！"

话音刚落，隔壁传来一阵大笑声。国王刚从外面回来，一时兴起，想听听魁奈他们在讲些什么。门本来就是开着的，国王走了进来。"普里兰班班粉万岁！"国王说，"大夫，您能为我搞到一些这种粉末吗？"国王一边笑着，一边称赞那种粉末，走出了房间。

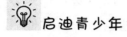 启迪青少年

在这个故事中，御医魁奈通过一个创造性的梦境引发了人们对金钱的思考。他表达了对金钱的赞美和认同。他指出，金钱是世间万事万物的象征，拥有金钱可以使人得到食宿和各种礼遇，让他人为自己服务。然而，迪奥塞夫人却对金钱不屑一顾，她认为蓝色绶带对圣灵骑士团成员来说比金钱更加珍贵。魁奈大夫解释说，这种虚荣的追求是空洞的，而金钱则可以在任何地方帮助他为不幸的人提供援助。这个故事的寓意是，金钱的价值不只是用来满足个人的物质需求，更重要的是用来帮助他人。金钱可以成为一种力量，可以用来追求知识和创新，帮助他人，实现价值和梦想。我们应该正确看待金钱，善用金钱，发挥其积极作用，为社会和他人创造更多的价值。

欧文·费雪：骄傲自负会跌得很惨

生平简介

欧文·费雪（Irving Fisher）是美国经济学家，他将数学与经济学结合起来，创立了数理经济学。1891 年，他获得了耶鲁大学的第一个经济学哲学博士学位。之后，他在耶鲁大学担任助教，并从 1898 年起担任政治经济学教授。在 1896 年到 1910 年期间，他担任《耶鲁评论》的编辑，并积极参加许多学术团体、研究所和福利组织。他于 1918 年担任美国经济学会主席，并被美国数学学会选为 1929 年的吉布斯讲师。作为计量经济学的主要早期支持者之一，他于 1930 年与朗纳·弗里施等共同创立了计量经济学会。

主要理论/贡献

首先，费雪创立了一套科学体系，用于编制各种指数。这些指数在今天被广泛使用，而其科学理论框架的起源可以追溯到费雪的《指数的编制》一书，该书至今仍被视为该领域的科学指南。其次，费雪提出了一种被称为费雪方程式的理论，该方程式表达了名义利率与实际利率以及通货膨胀率之间的关系。费雪的货币数量论至今仍被视为宏观经济学的重要内容，并对弗里德曼的现代货币主义产生了重大影响。此外，费雪还提出了一种债务-通货紧缩理论，这一理论体现在他的《繁荣与萧条》一书中。该理论对经济周期中的债务和通货紧缩现象进行了深入研究，并产生了重要的影响。

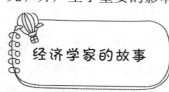

经济学家的故事

费雪在 1907 年完成了一本名为《利率》的著作，这是名著《利息理论》的奠基部分。在这本书中，费雪提出了一个叫作"人性不耐"的概念。他认为，尽管人们对时间有一定的概念和对未来的估计，但他们往往更倾向于享受现在，而不是为未来着想。他举了一个例子：假设一个人现在想吃一颗糖，而 10 块钱可以买 1 颗糖。但如果他能够等到一年后，10 块钱就可以买到 10 颗糖。然而，为了满足眼前的欲望，他愿意放弃一年后的 9 颗糖，这就是"人性不耐"的表现。1911 年，费雪出版了另一本重要的著作《货币购买力》。在这本书中，他提出了一个公式：货币供应量乘以货币周转率等于商品交易量乘以商品平均价格。这个理论奠定了货币主义的基础。由于他的贡献，费雪被称为经济学界的天才，备受赞誉。约瑟夫·熊彼特甚至将他视为美国有史以来最伟大的经济学家。甚至在1913年，费雪发明了一种叫作卡片索引系统的工具，并且注册了专利。这项发明让他在经济学界名声大噪。进入"咆哮的20年代"，费雪决定将这项专利卖掉，换取一大笔钱。他因此成为经济学家中最富有的人，也是富翁中最懂经济学的人。

163

在1925年，费雪将他的财富全部投入股市，并且像大多数普通股民一样，借钱加了杠杆。到了1929年，他手中的股票市值高达1 000万美元。就在1929年10月22日，费雪满怀自信地宣称："股价已经立足于永远的高地上了！"由于他的财富和学术地位，这句话的影响力无限放大。然而，就在两天之后的1929年10月24日，美国股市崩盘。费雪从一个千万富翁一下子变成了"千万负翁"。他借钱加杠杆的操作让他无法长期持有手中的股票。债主收走了当时如同废纸一般的股票凭证，豪宅也被收走了。他甚至不得不向耶鲁大学求助，租了一间房子，才得以有个落脚之处。一夜之间，费雪失去了财富，负债累累，还因为那句断言而声名狼藉。

从那以后，他不得不专注于学术研究。他沉浸在书海中，不分昼夜地学习各种知识。他用自己的智慧和才华，一篇篇地记录下他的研究成果，向世人展示他的学识和见解。随着时间的推移，费雪的声誉逐渐恢复。人们开始重新认识他，赞美他的学术成就，而不再嘲笑他的过去。他的著作被广泛传播，成为学术界的瑰宝。

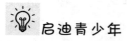 **启迪青少年**

费雪前面的成功是不断求知与创新的结果，他不断在学术上进行创新，并且能够有效地应用到生活之中。然而他进入股市之后的骄傲自满则与其之前的精神发生冲突，市场的残酷给予费雪的狂妄狠狠一击。费雪从财富的巅峰跌落谷底，然而他并没有被这些击倒。相反，他通过专注于学术，重新找回了自己的价值和尊严。他用自己的努力和坚持，重新赢得了人们的尊敬和认可。费雪的故事是一个警示，它告诉我们世界上我们所不了解的超出我们所了解的，不断求知继而创新才能适应时代。同时，我们也应该认识到，失败并不意味着终结，只要我们保持积极的态度和不断学习的心态，我们仍然有机会重新站起来。

赫伯特·亚历山大·西蒙：无所不能的经济学家

生平简介

165

赫伯特·亚历山大·西蒙（Herbert Alexander Simon），汉名为司马贺，1916 年 6 月 15 日出生于美国威斯康星州密尔沃基市。他是美国著名学者，计算机科学家、心理学家和经济学家，1943 年毕业于芝加哥大学政治系，曾担任多个政府部门或协会的顾问；曾先后获得凯斯工学院科学博士学位、耶鲁大学科学博士学位、瑞典伦德大学哲学博士学位等 9 个博士学位；1957 年，与人合作开发了 IPL 语言；曾获得美国心理学会杰出科学贡献奖等 3 个奖项；1978 年因对经济组织内的决策过程进行开创性研究而获得诺贝尔经济学奖；1986 年因在行为科学方面的出色贡献而获美国全国科学奖章；1995 年，当选为中国科学院外籍院士。

主要理论/贡献

西蒙一生获得过 9 个博士学位，获顶级奖项无数，横跨多个学科，是现今很多重要学术领域的创始人之一，如人工智能、信息处理、决策制定、问题解决、注意力经济、组织行为学、复杂系统等。西蒙的贡献主要包含以下三个方面：一是提出了管理的决策职能。在西蒙之前，决策被认为是计划职能的一部分，但西蒙提出决策才是管理的首要职能。二是提出了"已知最优"的概念。西蒙提出在资源和能力有限的情况下，人们进行决策时不可能穷尽一切方案，而是要从已知方案中寻找满足要求的方案。三是提出了"有限理性"的观点。西蒙认为，管理人和决策者不是完全理性，也不是非理性，而是介于这两者之间的"有限理性"。因而决策的合理性理论必须考虑管理者作为人本身的认知限制、动机限制等因素，决策者选择的并非最优解，而是足够好的解。

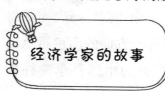

经济学家的故事

1916 年，西蒙出生在美国一个非常富裕的家庭。身为富二代的西蒙从小就非常调皮，读小学时，他上课在书上乱画，放学后不做作业，只会捣鼓钢琴、下下棋。到了中学，西蒙更加放肆，稍有不爽就逃课。不过西蒙虽不务正业，但天赋过人。他的钢琴练习一段时间后就达到了顶尖水平；苦练棋艺时一不小心便练成国际象棋大师，后来还开发了世界上第一个棋牌游戏。

西蒙的这种叛逆风格一直延续到他大学毕业。毕业之后，与芝加哥大学政治系秘书多萝西娅·派伊的相遇彻底改变了他的命运。派伊是最欣赏西蒙潜力的人，在派伊的监督下，西蒙花 4 年时间完成了关于管理决策制定的博士论文，并取得了芝加哥大学政治学博士学位，该论文后来成了他的经典著作《管理行为》。之后，西蒙又陆续自学多门课程，于 1942 年起在伊利诺伊理工学院执教，此时 26 岁的西蒙便已能讲授宪法学、城市规划、地缘政治学、合同法、统计学、劳动经济学、运筹学、美国史等众多课程——几乎涵盖所有社会科学。

1939 年，西蒙被派遣到卡内基-梅隆大学。这是一所当时全美排名 100 开外的大学，然而，西蒙一生中最辉煌的成就却是在这里创造出来的。起初，西蒙被安排教授经济学，但此时的他只想研究计算机，想知道人类的逻辑如套用到机器上会怎样。不久，他就开发了一个叫"逻辑理论家"的启发式程序，这是世界上第一个人工智能程序，第一次证明了"计算机之父"图灵的猜想：机器可以具有智能。41 岁时，他又开发出了人类历史上第一个人工智能程序设计语言——IPL 语言。之后，他提出了"物理符号系统假说"PSSH——可以用来模拟人类大脑的各种思考过程。这个假说直接推动了之后几十年人们对人工智能的伟大探索。由于在人工智能领域的巨大贡献，1975 年，西蒙获得了计算机领域的最高奖——图灵奖，成为当今世界公认的四大"人工智能之父"之一。

AI 软件成功开发之后，西蒙回归家庭，和妻子一起做了一个心理学实验，证明人类解决问题的过程其实是一个搜索的过程。一不小心，西蒙又拿下了心理学领域的三个最高奖——美国心理学会杰出科学贡献奖、美国心理学基金会心理科学终身成就奖、美国心理学会终身贡献奖。

此时，西蒙早已从一个不学无术的富二代变身为各学术领域的大佬！1978 年，西蒙又因对经济组织内的决策过程进行开创性研究获得了诺贝尔经济学奖，成了迄今为止唯一一位获得诺贝尔经济学奖的管理学家，也是唯一一位同时获得图灵奖和诺贝尔经济学奖两个奖项的学者。

 启迪青少年

尽管西蒙在学校表现不好，但他在他感兴趣的方面都很有天赋，学习能力极强。他的成功离不开多萝西娅·派伊的欣赏和鼓励，更离不开他自己的勤奋和努力。西蒙的故事告诉我们学习兴趣是自觉、积极地学习的基础，是人才成长的起点，我们应该有意识地培养高尚的、广阔而有中心的、持久而又高效能的兴趣，努力把兴趣转化为持久的自我学习的动力，不断超越自己，追求卓越，取得成就。

保罗·R.克鲁格曼：出口成章的经济智者

生平简介

保罗·R.克鲁格曼（Paul R. Krugman）1953年出生于纽约长岛，犹太人，毕业于耶鲁大学经济学专业，1977年获得麻省理工学院博士学位，先后在耶鲁大学、麻省理工学院、斯坦福大学任教。1991年年轻的克鲁格曼获得被视为诺贝尔奖重要指针的美国经济学会克拉克奖；2000年任普林斯顿大学公共事务和国际事务学院经济学教授；2008年获诺贝尔经济学奖。克鲁格曼的主要研究领域包括国际贸易、国际金融、货币危机与汇率变化理论。

主要理论/贡献

克鲁格曼的主要研究领域包括国际贸易、国际金融、货币危机与汇率变化理论。他创建的新国际贸易理论，分析并解释了收入增长和不完全竞争对国际贸易的影响。他的理论思想富于原始性，常常先于他人注意到重要的经济问题，然后建立起令人赞叹的深刻而简洁的模型，等待其他后来者的进一步研究。他被誉为当今世界上最令人瞩目的贸易理论家之一，而他在 1994 年对亚洲金融危机的预言，更使他在国际经济舞台上的地位如日中天。他目前担任着许多国家和地区的经济政策咨询顾问。

经济学家的故事

171

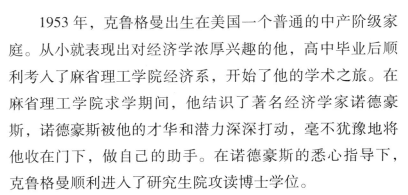

　　1953 年，克鲁格曼出生在美国一个普通的中产阶级家庭。从小就表现出对经济学浓厚兴趣的他，高中毕业后顺利考入了麻省理工学院经济系，开始了他的学术之旅。在麻省理工学院求学期间，他结识了著名经济学家诺德豪斯，诺德豪斯被他的才华和潜力深深打动，毫不犹豫地将他收在门下，做自己的助手。在诺德豪斯的悉心指导下，克鲁格曼顺利进入了研究生院攻读博士学位。

　　然而，在攻读博士学位的过程中，克鲁格曼一度情绪低落，草草地完成了博士论文。不过他并没有就此放弃学术研究，而是选择继续努力提升自己的专业素养。直到 1978 年，他发表了一篇关于垄断竞争贸易模型的论文，这篇论文为他日后的成功奠定了基础。1978 年 7 月，克鲁格曼将这篇论文提交到国民经济研究局的暑期研讨会上。当时参加这个会议的都是国际上最有影响力的经济学家。当克鲁格曼开始宣读论文时，人们并没有加以注意，都在相互交谈。渐渐地，大厅安静了下来，人们停下交流，专心地倾听克鲁格曼的演讲。

就是这次演讲让克鲁格曼一夜成名，荣誉接踵而至。然而，克鲁格曼并没有因此而骄傲自满，他始终保持着谦逊的态度，依然坚持每天早晨五六点就起床开始工作，潜心于学术研究。工作再忙，他都挤出时间看书和写作，就这样，多年在经济学领域的深耕和广泛涉猎使得他对经济问题形成了自己独到而深刻的见解，也造就了他极高的话语水平。克鲁格曼的讲话自然流畅、内容丰富，总能迅速抓住问题的关键，并且一针见血地给出评论。他最厉害的本领就是可以没有访谈，没有人问他问题，没有现场观众，给他一个话题，或者就是最近经济形势，自己一个人对着镜头讲一个小时，没有草稿，没有提词机，至多就是几张经济图表，这样的讲座每周一次，坚持一年都没有问题。这充分证明了克鲁格曼的口才和自信，也展示了他在经济领域的深厚功底。

启迪青少年

克鲁格曼的成功故事给我们带来了很多启示。首先，勤奋和专注是取得成功的关键。在学术领域，克鲁格曼不仅广泛涉猎各种领域的知识，还不断地深入研究自己的专业领域，力求在各个方面都达到卓越的水平。正是这种勤奋和专注的精神使他取得了如此卓越的成就。其次，保持谦逊和低调的态度也是非常重要的。短暂的成功并不意味着可以骄傲自满，而是要继续努力，不断提高自己的能力和素质。克鲁格曼在取得一定成就后，并没有选择安于现状，而是继续探索，不断更新自己的知识和观念。这种一直追求进步的人生态度值得我们学习。

173